Trennung mit Kindern – was nun?

Trennung mit Kindern – was nun?

Liselotte Staub

Liselotte Staub

Trennung mit Kindern – was nun?

Ratgeber für betroffene Eltern

hogrefe

Dr. phil. Liselotte Staub
Eisenbahnweg 6
3426 Aefligen
Schweiz
kontakt@staub-psychologie.ch
www.staub-psychologie.ch

Bibliografische Information der Deutschen Nationalbibliothek
Die Deutsche Nationalbibliothek verzeichnet diese Publikation in der Deutschen Nationalbibliografie; detaillierte bibliografische Daten sind im Internet über http://www.dnb.de abrufbar.

Anregungen und Zuschriften bitte an:
Hogrefe AG
Lektorat Psychologie
Länggass-Strasse 76
3012 Bern
Schweiz
Tel: +41 31 300 45 00
E-Mail: verlag@hogrefe.ch
Internet: http://www.hogrefe.ch

Lektorat: Dr. Susanne Lauri
Bearbeitung: Edeltraud Schönfeldt, Berlin
Herstellung: René Tschirren
Umschlagabbildung: iStock/Nick Tandy
Umschlag: Claude Borer, Riehen
Illustrationen (Innenteil): Angelika Kramer, Stuttgart/Idee: Liselotte Staub
Satz: punktgenau GmbH, Bühl
Druck und buchbinderische Verarbeitung: Finidr s. r. o., Český Těšín
Printed in Czech Republic

1. Auflage 2018

(E-Book-ISBN_PDF 978-3-456-95877-4)
(E-Book-ISBN_EPUB 978-3-456-75877-0)
ISBN 978-3-456-85877-7
http://doi.org/10.1024/85877-000

Inhaltsverzeichnis

Teil II
Praktischer Teil

Teil III
Betreuungsanteile

Anhang

Vorwort

Die Trennung der Eltern geht mit einer Veränderung des ganzen Familiensystems einher. Die größte Angst der Eltern bezieht sich in der Regel darauf, dass ihre Kinder Schaden nehmen. In ihrer Sorge lassen sich Eltern oft von Fachleuten unterstützen oder beraten; andere suchen in Büchern nach Ratschlägen, wie sie die Situation für ihre Kinder erträglicher gestalten können.

Dieser Praxisleitfaden für getrennte Eltern unterscheidet sich von anderen Scheidungs- und Trennungsratgebern darin, dass er die Eltern zunächst mit ihrer eigenen Situation vertraut macht und ein Bewusstsein für die eigenen Bedürfnisse und Nöte schafft. Dieses Vorgehen fußt auf der Annahme, dass die Eltern zuerst ihre Lage und Lebensumstände analysieren und verstehen müssen, bevor sie in der Lage sind, die Paar-Ebene von der Eltern-Ebene zu trennen, und sich nun mit den Anpassungsproblemen der Kinder beschäftigen können.

Im zweiten Teil wird die Situation der Kinder erörtert. Die unterschiedlichsten kindlichen Gewöhnungs- und Verhaltensprobleme werden zusammenfassend erläutert, wobei das Hauptaugenmerk auf der bio-psycho-sozialen Situation und den damit zusammenhängenden Anpassungsprozessen liegt, die jedes Kind von getrennten Eltern bewältigen muss.

Das Kernstück dieses Ratgebers beschäftigt sich schließlich mit der Frage, was Eltern ganz konkret tun können, damit sich die Kinder nach der Trennung ihrer Eltern ungeschädigt weiterentwickeln. Betroffene Eltern erhalten praktische Erziehungs- und Verhaltensratschläge, welche die Anpassung des Kindes an die neue Situation nach Trennung der Eltern nachweislich und nachhaltig erleichtern. Anschauliche Beispiele unterstützen das Verständnis und den Transfer auf die eigene Situation.

Der Ratgeber richtet sich explizit an betroffene Eltern. Die Erklärungen im zweiten Teil und die Ratschläge im dritten Teil helfen aber auch weiteren Bezugspersonen der Kinder, zum Beispiel Großeltern oder Paten. Nicht zuletzt dient der Ratgeber Fachleuten und Mediatoren in der Zusammenarbeit mit betroffenen Eltern als Arbeitsheft und Gesprächsgrundlage.

Einleitung

Ihre Partnerschaft oder Ehe wurde vor kurzer Zeit getrennt, und Sie leben nun mit Ihren Kindern allein oder begegnen ihnen nur noch zeitweise. Die Trennung hat Sie mit einer Vielzahl von Veränderungen konfrontiert, und Sie sind nun dabei, sich an die neuen Lebensumstände anzupassen. Ihren Kindern geht es nicht anders: Auch für diese hat sich der Alltag verändert, und die neue Situation verlangt auch ihnen große Anpassungsleistungen ab.

Sie stellen sich vielleicht hin und wieder die Frage, wie sich Ihre Kinder unter diesen Umständen entwickeln und ob sie durch die Trennung der Eltern Schaden nehmen. Möglicherweise haben Sie sich bereits Gedanken gemacht, wie Sie als Eltern Ihre Kinder im Anpassungsprozess noch besser unterstützen könnten.

Für die Kinder ist die Trennung der Eltern in jedem Fall eine einschneidende und schwerwiegende Erfahrung. Diese Erfahrung muss nicht in die Katastrophe führen, sondern birgt auch die Chance alternativer Entwicklungserfahrungen. Es ist zwar wissenschaftlich gut belegt, dass Kinder aus Trennungsfamilien zwei- bis dreimal häufiger Verhaltensauffälligkeiten oder eine psychische Störung entwickeln als Kinder aus vollständigen Familien. Aber das Aufwachsen mit getrennten Eltern ist für Ihre Kinder nicht grundsätzlich traumatisierend. Kinder können die zeitlich begrenzte Krise der elterlichen Trennung innerhalb weniger Jahre durchaus ohne langfristige Störungen überstehen. Von entscheidender Bedeutung sind dazu allerdings die Umstände, die nach der Scheidung auf die kindliche Entwicklung einwirken.

Die Scheidungsforschung konnte hinreichend belegen, dass die Benachteiligung der Kinder nicht durch die elterliche Trennung an sich hervorgerufen wird, sondern durch die mit der Trennung einhergehenden belastenden Umstände. Gewisse Umstände sind gegeben und lassen sich kaum verändern, so zum Beispiel der Verlust der Eltern als Einheit oder die ökonomische Einbuße, die aus der Finanzierung von zwei Lebenswelten resultiert. Die neuere Scheidungsforschung hat jedoch entscheidende Risiko- und Schutzfaktoren für die

Entwicklung von Problemen der Kinder aufzeigen können, die von den Eltern durchaus beeinflusst werden können.

In den folgenden Kapiteln werden die unterschiedlichen Gesichtspunkte von Müttern, Vätern und Kindern aufgezeigt.

Zunächst stehen Sie als Eltern im Zentrum der Betrachtung: Wie geht es Ihnen mit der veränderten Situation? Welche Anpassungshürden müssen Sie überwinden? Was läuft einigermaßen, und wobei brauchen Sie Unterstützung?

Im zweiten Kapitel wird die psychische Situation des Kindes beim Übergang von einer Dreierbeziehung zu zwei Zweierbeziehungen diskutiert: Trennungsinhärente Loyalitätskonflikte und Anforderungen an die Ambivalenzfähigkeit, das Aushalten unterschiedlicher oder sogar gegensätzlicher Gefühle, bestimmen die seelische Situation des Kindes weitgehend. Aber Sie als Eltern haben die Möglichkeit, Ihre Kinder beim Bewältigen ihrer Anpassungsaufgaben zu unterstützen.

Im dritten Kapitel werden Fertigkeiten vermittelt, mit denen Sie Ihrem Kind die Gewöhnung an die veränderte Lebensumwelt erleichtern. Die konkreten Interventionen mit anschaulichen Beispielen zielen auf diejenigen Einflussfaktoren ab, welche die Kinder erfahrungsgemäß am meisten beeinträchtigen.

Abschließend geht es um juristische Begrifflichkeiten und wie Sie sich im Rechtsraum bewegen können.

Anhang 1 richtet sich direkt an Ihre Kinder. Der Anhang beinhaltet einen Wegweiser für den Umgang mit der elterlichen Trennung und für jüngere Kinder eine Geschichte zum Vorlesen. Den Eltern dient die einfache Geschichte als Vorlage zum Schreiben oder Erzählen eigener Geschichten mit dieser Thematik.

Teil I

Trennung – die Folgen

1
Wie geht es Ihnen?

Christian, 39 Jahre und Vater von zwei Kindern: „Ich bin doch immer für meine Familie da gewesen, wenn sie mich gebraucht hat. Und das Haus wollten meine Frau und ich doch beide. Wir wussten, dass das viel Mühe, Zeit und Geld kosten wird. Natürlich musste ich Überstunden machen und war froh, dass dies in meiner Branche überhaupt möglich ist. Wir hätten das sonst gemeinsam nie geschafft. Ich kann nicht verstehen, dass sie mich jetzt mit den Kindern verlässt – wo wir doch so weit gekommen sind."

Claudia, 35 Jahre und Mutter von drei Mädchen: „Ich kann nicht verstehen, wie er mich ein Jahr lang mit einer anderen Frau hintergehen konnte. Wir hatten eine gute Beziehung, gesunde und glückliche Kinder und waren finanziell abgesichert. Es ging uns richtig gut. Er hing so sehr an den Mädchen und hat jede freie Minute mit diesen etwas unternommen. Ich hätte nicht im Traum daran gedacht, dass er die Familie verlassen könnte."

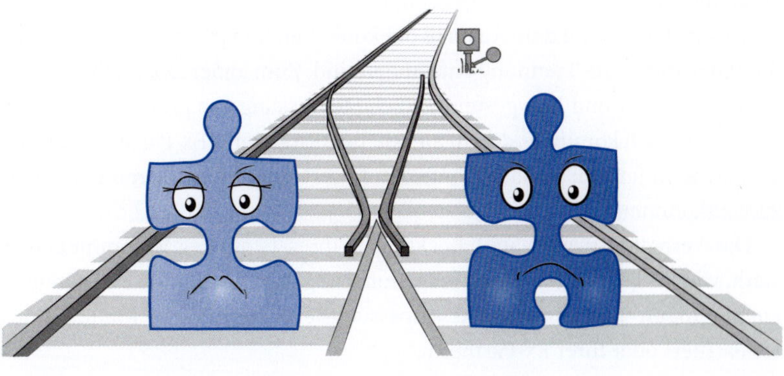

Ihre Entscheidung, als Eltern fortan getrennte Wege zu gehen, beeinflusst nicht nur Ihre Kinder einschneidend. Die Veränderungen in Ihrem Leben beziehen sich auch auf Ihre Herkunftsfamilie, Ihre Beziehungen, Ihre persönlichen, beruflichen, finanziellen Lebensumstände und Ihre Wohnsituation. Die Trennung selber geht mit vielen Unsicherheiten und Problemen einher, mit denen Sie und Ihre Kinder zurechtkommen müssen. Unsicherheit entsteht zum Beispiel darüber, wer nun noch und in welchem Ausmaß zur Familie gehört, wer welche Verantwortung, welche Rechte und welche Pflichten hat. Organisatorische Fragen lassen sich regeln. Aber die Art und Weise, wie Sie als Paar miteinander umgehen und die Nachscheidungsbeziehung gestalten, kann Ihnen niemand vorfabrizieren: Beziehungen kann man grundsätzlich nicht verordnen.

Obwohl Sie sich als Paar trennen, bleiben Sie Eltern. Auch wenn Sie Ihre Verantwortung nicht mehr in derselben Art und Weise wahrnehmen können wie bisher, bleiben Sie dennoch Vater oder Mutter Ihrer Kinder. Ihre Aufgabe besteht nun darin, die Paar-Ebene von der Eltern-Ebene zu trennen, damit Sie sich trotz des Zerwürfnisses gemeinsam den Kindern zuwenden können. Dies ist leichter gesagt als getan. Die Anforderungen an Sie als Ehepartner und als Eltern sind hoch und lassen sich nicht immer vereinbaren: Als Ehepartner müssen Sie mit der Tatsache der Trennung zurechtkommen, sich vom Partner oder der Partnerin ablösen und mit Ihrem veränderten oder neuen sozialen Umfeld klarkommen. Sie müssen sich wahrscheinlich um rechtliche, finanzielle oder berufliche Dinge kümmern, müssen Wohnungs- und Kinderbetreuungsprobleme lösen. Als Eltern müssen Sie trotz bestehender oder neuer Konflikte weiterhin Kontakt zueinander pflegen. Sie müssen Ihren Ex-Partner oder Ihre Ex-Partnerin als Vater oder Mutter der gemeinsamen Kinder akzeptieren. Gleichzeitig müssen Sie für Ihre Kinder gerade jetzt besonders starke und gefasste Eltern sein.

Wie Sie mit diesen Anforderungen zurechtkommen und wie Sie sich an die veränderte Lebenssituation anpassen, hängt von mehreren Faktoren ab: zum einen von der Art und dem Ausmaß der konkreten und praktischen Probleme, die Ihnen durch die Trennung entstanden sind. Zum anderen sind Ihr persönlicher Charakter und Ihre gesundheitliche Verfassung von großer Bedeutung. Und schließlich kommt es darauf an, wie Ihre Kinder, Ihr Ex-Partner oder Ihre Ex-Partnerin und Ihr soziales Umfeld auf die Trennung reagieren und damit zurechtkommen.

Die Verhaltensweisen und Reaktionen Ihres Umfeldes bestimmen sehr stark, wie Sie auf die Trennung reagieren. Umgekehrt haben Ihre Reaktionen einen großen Einfluss auf die Anpassungsleistungen Ihrer Kinder, Ihres Ex-Partners oder Ihrer Ex-Partnerin.

1.1 Vom Verlassen und Verlassenwerden

Im Gegensatz zum Entschluss, die Ehe zu schließen, tragen die Entscheidung, sich zu trennen, häufig nicht beide Partner gleichzeitig und gemeinsam. Oft ist es nur *ein* Partner, der für sich den Trennungsentschluss fasst. Wenn eine Partnerschaft oder Ehe endet, so geht dies aber in jedem Fall mit emotionalem Stress für beide Partner einher, und zwar unabhängig davon, wer von beiden die Trennung wollte, wie „schlecht" die Partnerschaft oder Ehe war und wie groß der Wunsch nach deren Auflösung.

Waren Sie die initiierende Kraft der Trennung, sind Sie wahrscheinlich emotional besser auf die Trennung vorbereitet als Ihr Partner bzw. Ihre Partnerin. Wahrscheinlich fühlen Sie sich aber für den Bruch nun stärker verantwortlich und empfinden auch Schuldgefühle, vor allem wenn Ihr Ex-Partner oder Ihre Ex-Partnerin in große psychische Not geraten ist. Vielleicht zweifeln Sie an der Richtigkeit Ihrer Entscheidung oder versuchen sich ständig zu entschuldigen.

Wenn *Sie* die Trennung eingeleitet haben, ist es wichtig, für diesen Schritt auch die volle Verantwortung zu übernehmen. Nehmen Sie die Not Ihres Gegenübers wahr, und muten Sie diese Ihrem Ex-Partner bzw. Ihrer Ex-Partnerin zu, ohne sich zu rechtfertigen oder diese Not zu bagatellisieren. Wenn Ihr Gegenüber Ihnen zum Beispiel vorhält: „Du hast mir alles genommen, was meinem Leben Sinn gegeben hat!", könnten Sie in einfühlsamem, aber nicht reumütigem Ton antworten: „Ja, ich weiß, was ich dir zumute."

Hat Ihr Partner bzw. Ihre Partnerin beschlossen, ohne Sie weiter durchs Leben zu gehen, fühlen Sie sich vermutlich verletzt, wertlos, nicht liebenswert, verlassen oder deprimiert. Vielleicht haben Sie das Bedürfnis, den „Täter“ für die erlittene Ungerechtigkeit zu bestrafen oder Rache zu üben. Diese Gefühle sind legitim und normal. Akzeptieren Sie, dass Sie so denken, denn erst dann ist es möglich, dass sich diese Gefühle verändern.

1.2 Die Klärung der eigenen Gefühle

In der Zeit der Trennung werden viele Eltern beherrscht von Wut und Zorn auf den Ex-Partner. Auch Schuldgefühle, Selbstvorwürfe, Selbstzweifel, Hoffnungslosigkeit und das Gefühl, gescheitert zu sein oder versagt zu haben, sind üblich. Halten diese Gefühle unverändert über ein Jahr lang an, droht die Gefahr, dass die Betroffenen das psychische Gleichgewicht verlieren oder körperliche Beschwerden entwickeln. Hinzu kommt, dass das Ausagieren dieser ungeklärten Gefühle den Aufbau einer von der Paar-Ebene getrennten Elternschaft erheblich beeinträchtigt. Deshalb ist es wichtig, sich der aggressiven Gefühle bewusst zu werden und diese in konstruktive Bahnen zu leiten.

Suchen Sie sich erwachsene Ohren für Ihre Klagen. Scheuen Sie sich nicht, auch professionelle Unterstützung in Anspruch zu nehmen, wenn die aggressions- und rachebetonten Gefühle nicht nachlassen und Sie daran hindern, Ihre Aufgaben zu erfüllen, nach vorwärts zu schauen oder wieder Freude zu empfinden.

Erliegen Sie nicht der Illusion, dass die räumliche Distanz und ein totaler Kommunikationsstopp zum Ex-Partner bzw. zur Ex-Partnerin Ihre unangenehmen Gefühle ausbremst. In der Regel ist nämlich mit der räumlichen Trennung die gefühlsmäßige Trennung noch längst nicht abgeschlossen. Bemühen Sie sich um ein verträgliches Gleichgewicht zwischen Funkstille und Kontakt. Bedenken Sie, dass bei Flucht vor der notwendigen Auseinandersetzung oder Boykott die Gefahr droht, dass der Prozess des Abschiednehmens in der Vorstufe steckenbleibt.

Dieser Abschiedsprozess bleibt aber auch stecken, wenn Paare unnötige Auseinandersetzungen provozieren und sich darin verkeilen. Dies ist besonders dann der Fall, wenn der Streit und der Kampf das ehemalige Liebespaar davor „schützt", sich der Endgültigkeit des Verlustes und dem damit verbundenen Schmerz zu stellen. Gleichzeitig macht er Ihnen aber auch deutlich, dass die Liebe endgültig vorbei ist. Jeder Kampf tendiert leider dazu, sich zum Flächenbrand auszuweiten, wenn er nicht von verantwortlichen Köpfen gesteuert und beendet wird. Im Kampf können Sie weder eine Liebe zu Grabe tragen noch Verständnis für Ihre Kinder aufbringen noch eine gemeinsame Elternschaft organisieren. Im Kampf herrscht nur Kampf. Die anstehenden Aufgaben werden nicht mehr gelöst. Der erste Schritt aber, den Kampf zu Ende zu bringen, besteht darin, seine Hintergründe besser zu verstehen. Versuchen Sie, sich über die Gefühle hinter der Kampfhandlung klar zu werden.

1.3 Vom Nicht-darüber-Hinwegkommen

Ob Sie die Trennung gewollt haben oder nicht: Der Verlust der Familie stellt für Sie ein Unglück dar, das Sie schmerzlich betrauern müssen. Die Sehnsucht nach Ihrem Ex-Partner bzw. Ihrer Ex-Partnerin hängt unter anderem von Ihrer Beziehungserfahrung ab, vom Grund der Trennung und vom Trennungsprozess.

Manche Eltern können die Tatsache der Trennung nicht akzeptieren. Sie lieben ihren Ex-Partner bzw. ihre Ex-Partnerin immer noch und wollen diese(n) nicht verlieren oder sind hin- und hergerissen zwischen dem Wunsch und der Sehnsucht nach Wiedervereinigung und der Sicherheit, ihn oder sie nicht mehr zurückhaben zu wollen. Im ersteren Fall wird jedes freundliche Zeichen des Ex-Partners als Hoffnungsschimmer für eine Versöhnung oder Wiedervereinigung gedeutet. Meistens werden diese Hoffnungen jäh enttäuscht und führen zu noch tieferen Verletzungen, Kränkungen und abweisendem Verhalten. Droht die Beziehung zwischen dem ehemaligen Paar endgültig abzubrechen, wird oft von einer oder beiden Seiten mit allen Mitteln versucht, den Kontakt wieder aufzunehmen. Die Mittel dazu sind zum Beispiel Streit über finanzielle Regelungen oder über die Kinder, und sie führen oft zu einer regelrechten gegenseitigen Terrorisierung. Der Kampf wird dann zum emotionalen Leim zwischen den Partnern. Man kann sich nicht trennen, weil ganz starke Gefühle verbinden, nämlich Hass- und Rachegefühle.

Vor allem im ersten Jahr nach der Trennung erleben getrennte Eltern sehr unterschiedliche Gefühle gleichzeitig. Vielleicht stellen Sie fest, dass Ihre Stimmung häufig und rasch schwankt: Eben erfüllte Sie ein Hochgefühl der Freiheit und der Befreiung, und kurz darauf fallen Sie in ein Tief, fühlen sich niedergeschlagen und voller Zukunftsangst.

Die große Herausforderung besteht nun aber darin, im Zuge der ausgeprägten Stimmungsspitzen kein „Geschirr zu zerschlagen“. Achten Sie darauf, dass Sie im Kontakt mit Ihrem Ex-Partner bzw. Ihrer Ex-Partnerin keinen Kollateralschaden produzieren bzw. nicht mehr kaputt machen, als schon kaputt ist.

Insbesondere wenn Sie nicht sicher sind, ob die Paarbeziehung noch eine Zukunft hat, tun Sie gut daran, dem Partner mit Ihrem Verhalten nicht die Legitimation für die Trennung zu geben im Sinne von: „Nur gut, dass wir uns getrennt haben. Mit einem Menschen, der sich so verhält, kann man ja nicht zusammenleben." Wenn es Ihnen zunehmend besser gelingt, Ihre Gefühle vor dem Ex-Partner bzw. der Ex-Partnerin zu verbergen, verhindern Sie eine Konflikteskalation, die der Ex-Partner bzw. die Ex-Partnerin für sich verbuchen könnte.

Möglicherweise haben Sie aber das starke Bedürfnis, Ihrem Gegenüber mit aller Deutlichkeit zu sagen, was er oder sie Ihnen angetan hat. Das ist verständlich. Vermutlich bewirken Ihre Worte im Moment nicht das, was Sie sich wünschen. Sparen Sie Ihre Energie. Teilen Sie sich Freunden mit und suchen Sie den Kontakt mit Menschen. Unterstützende Kontakte und gemeinsame Aktivitäten mit anderen wirken auf Ihre emotionale Lage ausgleichend.

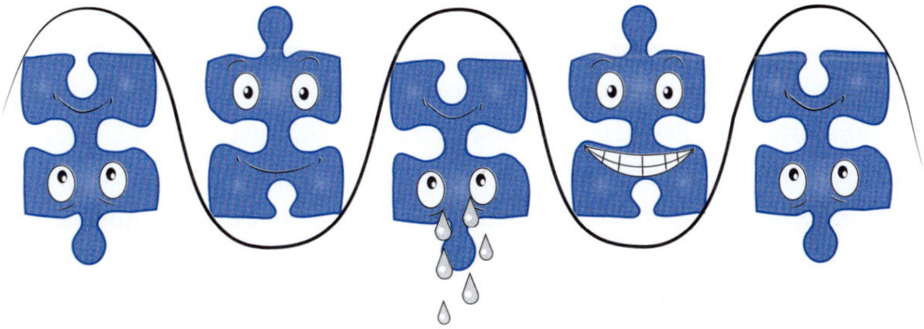

Diese Achterbahnfahrt der Gefühle ist energiezehrend, aber normal. Vertrauen Sie darauf, dass sich mit der Zeit immer häufiger ausgeglichene Stimmungslagen einstellen. Scheuen Sie sich aber nicht, auch psychologische Hilfe in Anspruch zu nehmen. Psychotherapeuten sind dafür ausgebildet, Menschen in Krisensituationen zu unterstützen.

Wie auch immer Sie Ihre eigene Trennung erleben, wahrscheinlich brauchen Sie nach der Trennung zuerst einmal Raum und Zeit für sich selbst: Zeit, um Ihre Gefühle zu ordnen und Kurs auf eine neue Zukunft zu nehmen. Vergessen Sie aber trotz Trennungsschmerz und den damit einhergehenden Belastungen und Veränderungen nicht, dass Ihre Kinder gerade jetzt besonders auf Sie angewiesen sind. Ihre Kinder brauchen Ihre ganze Zuneigung und müssen sich auf Sie verlassen können.

1.4 Umgang mit Schuldgefühlen

Weil der Übergang von einer Dreierbeziehung mit beiden Eltern zu einer Zweierbeziehung mit der Mutter und einer Zweierbeziehung mit dem Vater für die Kinder eine riesige Herausforderung darstellt, zeigen Kinder vor allem in der ersten Zeit nach der Trennung häufig Problemverhalten oder gar Verhaltensauffälligkeiten (s. Kap. 2). Wenn sie einen sehr hohen Anspruch an sich selber stellen, halten Eltern dies oft nur schwer aus: Trotz der Trennung möchten sie ihren Kindern perfekte Eltern sein, wollen ihr Kind immer glücklich und fit sehen und zu jeder Zeit von ihm geliebt werden.

Durch die Notsignale der Kinder und deren Problemverhalten geraten solche Eltern unter Druck. Sie versuchen sich zu entlasten, indem sie die Auffälligkeiten entweder verharmlosen und die Not der Kinder bagatellisieren oder indem sie dem verhassten Partner die Schuld an den Reaktionsweisen der Kinder zuschieben. Führt dies nicht zum Ziel, werden die Schuld und die Verantwortung nicht selten an die Behörden delegiert. Mit solchen unbewussten Abwehrmechanismen manövrieren sich die Eltern aus dem Sumpf der unerträglichen Schuldgefühle, welche ihnen die Not der Kinder bereitet. Diese Strategien absorbieren nun aber viel psychische Energie und nähren viel eher eine Kampfbeziehung als eine ernsthafte Auseinandersetzung mit der Not und den Bedürfnissen ihrer Kinder.

Für Sie als verantwortliche Eltern besteht die Erziehungsverantwortung im genauen Gegenteil: Ihre Aufgabe besteht in der bewussten und aktiven Übernahme der Schuld für die Folgen des Scheiterns Ihrer Paarbeziehung. Akzeptieren Sie die Schuld als einen Teil von Ihnen, ohne sich damit zu identifizieren. Erst wenn Sie in der Lage sind, Ihre Schuldgefühle auszuhalten, können Sie Ihr Kind verstehen und von seiner Not wirklich betroffen sein – ohne die Schuld auf fremden Bühnen zu inszenieren.

Halten Sie die Not des Kindes aus, und rechtfertigen Sie nichts. Sagen Sie Ihrem Kind sinngemäß: „Ja, ich weiß, dass wir dir weh tun und dir etwas zumuten, was du nicht willst. Aber ich kann und will es nicht ändern. Ich werde dich aber bei der Anpassung an die neue Situation so gut wie möglich unterstützen.“

1.5
Wenn das Geld nicht mehr reicht

Durch die Trennung wird *ein* Familienbudget auf zwei Haushalte verteilt. Sie oder Ihr Ex-Partner bzw. Ihre Ex-Partnerin ist vielleicht gezwungen, sich eine kostengünstigere Wohnung zu suchen. Unter Umständen ist es sogar notwendig, dass Sie beide in eine günstigere und kleinere Wohnung umziehen. Je nach finanzieller Situation müssen Sie mit größeren oder kleineren Einschränkungen rechnen. In den meisten Familien drängen sich Abstriche bei Ferien oder Reisen auf, oder die Kinder müssen auf liebgewonnene Freizeitaktivitäten wie Ballettunterricht oder Reiten verzichten. Besonders gravierend ist die Einkommenssituation für Familien, die bereits vor der Trennung finanzielle Probleme hatten. Die finanziellen Mittel dieser Familie sinken nach der Trennung unter Umständen sogar unter das Existenzminimum. Diese Armut hat für alle Betroffenen große Konsequenzen. In vielen Familien ist dann wahrscheinlich auch der Elternteil, der die Kinder hauptsächlich betreut, über kurz oder lang gezwungen, einer Teil- oder Vollzeitarbeit nachzugehen. Von dem Zeitpunkt an, zu dem das jüngste Kind eingeschult wird, ist den Kindern eine Arbeit des betreuenden Elternteils außerhalb des Hauses zumutbar.

Erklären Sie Ihren Kindern angemessen, warum nun beide Eltern arbeiten. Vermeiden Sie es aber, finanzielle Angelegenheiten vor Ihren Kindern zu besprechen. Nehmen Sie Abstand von Aussagen wie: „Weil der Papa nicht genug bezahlt, müssen wir über kurz oder lang das Haus verlassen.“ Oder: „Weil Papa nicht genügend für euch bezahlt, muss ich nun arbeiten gehen.“ Geldsorgen gehen Ihr Kind nichts an.

1.6
Von der Kommunikation auf der Eltern-Ebene

Die Anforderungen an Sie, sich als Paar zu trennen und gleichzeitig als Eltern zusammenzuarbeiten, sind sehr hoch. Auf die Probe gestellt werden Ihre Fähigkeiten zur Zusammenarbeit auf der Eltern-Ebene und Ihre Aufgabe, die Eltern-Ebene von der Paar-Ebene zu trennen. Abgesehen davon drängen schwelende Konflikte zwischen den Eltern um die Zeit der Kindesübergabe oft besonders stark an die Oberfläche. Die Kinder reagieren darauf und benehmen sich dann auffällig schwierig, so dass die Vermutung aufkommt, sie seien beim andern Elternteil nicht gut aufgehoben. In den meisten Fällen liegen die Probleme der Kinder jedoch in den noch ungelösten Konflikten der Eltern und in der Art und Weise, wie die Betreuungsregelung gehandhabt wird. Wenn die Erwachsenen nicht aufrichtig bemüht sind, ihre Konflikte zu begraben und sich auf die Zukunft zu konzentrieren, werden sie immer eine Gelegenheit finden, den Streit weiterzuführen, wenn die Kinder abgeholt oder gebracht werden.

Insbesondere wenn die Trennung für Sie sehr schmerzlich war und Sie nur mühsam darüber hinwegkommen, werden die schmerzlichen Gefühle bei jeder Begegnung mit dem anderen Elternteil im Rahmen der Übergaben wieder aktiviert. In Ihrem Kummer kommen Sie sich vor wie ein Süchtiger, der von seiner Sucht loskommen will, dem aber das Suchtmittel jeden Tag wieder angeboten wird. Sie sind mutlos, verzweifelt und sagen sich: „So komme ich doch nie darüber hinweg!"

Sie haben das Recht, sich zu schützen. Dabei gilt es einen Weg zu finden, der die im Interesse des Kindes notwendige Kommunikation und den Austausch mit dem anderen Elternteil ermöglicht, Ihnen aber keine unnötigen Schmerzen zufügt.

Je nachdem, was Sie aushalten, ist es legitim, wenn Sie sich in der ersten Zeit nach der Trennung bei den Übergaben begleiten lassen. Emotional aufrüttelnde Gespräche mit dem anderen Elternteil können Sie vermeiden, indem Sie sich schriftlich austauschen und sich um einen sachlichen Umgangston bemühen. Viele Eltern wählen den Weg über SMS oder Whats App. Der kurze und teilweise stichwortartige Austausch birgt aber ein hohes Potential für Missverständnisse, die den Konflikt noch mehr anheizen oder falsche Hoffnungen auf eine Versöhnung oder Wiedervereinigung schüren. Daher stellt der Austausch über Mail ein geeigneteres Kommunikationsmittel dar. Wenn Sie sich für diese Form entscheiden, sollten Sie sich um einen sachlichen und respektvollen Stil bemühen. Sie sind auf dem richtigen Weg, wenn Sie die Frage, ob Sie diese Mail so auch Ihrem Arbeitgeber oder Ihrem Versicherungsberater schicken würden, mit „Ja“ beantworten können. (Für Kommunikationsratschläge s. Kap. 3.2.1.)

1.7 Wenn Eltern die Kinder parentifizieren[1]

Hand aufs Herz:

- Lassen Sie Ihre Kinder bei sich im Bett schlafen, damit Sie weniger einsam sind?
- Fragen Sie Ihre Kinder um Erlaubnis, wenn Sie sich verabreden wollen?
- Erklären Sie Ihren Kindern detailliert Ihre finanzielle Lage?
- Sprechen Sie mit Ihrem Kind über Ihr Intimleben oder Liebesleben?
- Beklagen Sie sich bei Ihrem Kind darüber, wie hart das Leben ist?
- Reden Sie Ihrem Kind Kontakte mit dem anderen Elternteil oder anderen Personen aus?
- Versuchen Sie Ihre Kinder von der Schule fernzuhalten, um damit Ihrer eigenen Einsamkeit oder Depression zu begegnen?

Insbesondere wenn Sie verlassen worden sind oder im Rahmen der Trennungskrise stark belastet, verstört, deprimiert oder einsam, kann es vorkommen, dass Sie in Ihrer Enttäuschung Trost bei Ihren Kindern suchen. Auch wenn Sie Ihre Kinder nicht bewusst an Ihrer Not teilhaben lassen, merken diese doch, dass es Ihnen nicht gut geht. In der Trennungszeit reagieren Kinder und Jugendliche besonders empfindlich auf die Gemütslage ihrer Eltern. Im Versuch, deren Not zu lindern, fühlen sie sich weniger hilflos, weil sie wenigstens etwas tun können. Stellt Ihr Kind nun fest, dass es Ihnen tatsächlich besser geht, wenn es sich um Sie kümmert, wird es sein Helferverhalten noch intensivieren. Dabei besteht die Gefahr einer „Parentifizierung“. So nennt man einen Rollenwechsel zwischen Eltern und Kindern, bei dem Kinder „pseudo-erwachsen“ Entscheidungen und Verantwortung für das Wohl der Eltern und der Familie übernehmen. Ein solches Verhalten gefährdet die altersentsprechende Entwicklung des Kindes oder Jugendlichen. Es ist nicht die Aufgabe des Kindes, für das Wohl seiner Eltern zu sorgen. Das Kind hat eigene und altersentsprechende Entwicklungsaufgaben, von denen es nicht abgehalten werden darf, zum Beispiel sich auf die Schule konzentrieren, mit Gleichalt-

---

1 Für „parentifizieren“ existiert auf Deutsch kein passender Ausdruck. Gemeint ist eine Umkehr der sozialen Rollen zwischen Elternteilen und ihrem Kind. Aus psychologischer Sicht bedeutet eine solche Rollenumkehr eine Störung der familiären Hierarchie und der Generationsgrenzen.

rigen spielen, in der Freizeit seine eigenen Interessen entdecken. All diese Prozesse sind beeinträchtigt, wenn ein Kind sich gedanklich ständig mit dem Wohlbefinden der Eltern auseinandersetzen muss.

Wenn Sie dazu neigen, Ihr Kind zu parentifizieren, stellen Sie unter Umständen fest, dass Ihr Kind gar nicht darunter leidet. Im Gegenteil, dem Kind ist vielleicht sogar ganz wohl dabei. Möglicherweise sagt Ihnen das Kind, dass es lieber mit Ihnen zusammen sein möchte, als mit anderen Kindern zu spielen. Oder das Kind freut sich, wenn Sie ihm sagen, dass es für Sie der wichtigste Mensch ist. Tatsächlich genießt ein Kind diese Aufmerksamkeit der Eltern. Es genießt es, für die Eltern so wichtig und bedeutungsvoll zu sein, wie es das nie zuvor erfahren hat.

Genau dies ist aber gefährlich: Es droht die große Gefahr, dass das Kind in seinem Bemühen, dem Elternteil zu gefallen, kein eigenes Selbst entwickeln kann und von der Not anderer Menschen abhängig bleibt. Es lernt seine Bedürfnisse nicht kennen und wird im Erwachsenenalter dazu tendieren, stets die Wünsche seiner sozialen Umwelt zu befriedigen. Solche „selbstlosen" Menschen sind innerlich oft leer. Sie spüren sich kaum, sind unglücklich und neigen zur Entwicklung von ernsthaften psychischen Störungen.

Sie sollen Ihre Traurigkeit vor den Kindern nicht verbergen. Aber geben Sie dem Kind zu verstehen, dass es sich nicht darum kümmern muss. Sagen Sie Ihrem Kind, dass Sie ein erwachsener Mensch sind und deshalb wissen, was zu tun ist. Suchen Sie sich erwachsene Personen, mit denen Sie sich über Ihre Probleme unterhalten können, und lassen Sie Ihre Kinder wissen, dass Sie mit diesen Menschen über Ihre Probleme sprechen können. Kinder brauchen die Sicherheit, dass Sie in Ihrem Alltag erwachsene Gesprächspartner haben und sich mit diesen regelmäßig treffen. Nur so entlasten Sie Ihre Kinder von der Sorge um Sie.

2
Und die Kinder?

Wenn Sie bereit sind, sich mit Ihren eigenen Gefühlen hinreichend auseinanderzusetzen, und dabei schon erste Erfahrungen gesammelt haben, haben Sie die Grundlage dafür geschaffen, den Fokus nun auf die Kinder zu legen.

Die Trennung der Eltern bedeutet für die Kinder zunächst nicht mehr und nicht weniger als einen Verlust, der betrauert werden muss. Trauer ist eine normale, natürliche, ja notwendige Reaktion auf einen Verlust. Trauer ist ein Zeichen von Lebendigkeit, auch wenn der Betroffene das Leben in dieser Zeit sehr eingeengt erlebt. Der Trauerprozess setzt sich aus verschiedenen Phasen zusammen. Diese Phasen folgen häufig zeitlich aufeinander, können sich aber auch wiederholen.

Tabelle 2–1: Trauerphasen mit den dazugehörigen Gefühlen und Gedanken der Kinder

Phase 1	Schock Verleugnung Nicht-wahrhaben-Wollen	„Mama und Papa werden schon wieder zusammenfinden."
Phase 2	Ärger Wut	„Wie können meine Eltern mir das antun? Sie haben mich betrogen! Ich brauche doch beide Eltern! Wenn sie mich wirklich lieb hätten, würden sie zusammenbleiben!"
Phase 3	Verhandlung Versuch der Einflussnahme	„Wenn ich ganz brav bin, werden sie wieder zusammenkommen. Ich muss mich nur anstrengen."
Phase 4	Depression Trauer	„Ich kann nichts tun, dass mein Vater wieder zurückkommt. Ich bin so verzweifelt."
Phase 5	Akzeptanz Versöhnung Neuorientierung	„Meine Eltern werden nicht wieder zusammenkommen, aber das Leben geht weiter. Ich kann meinen Vater trotzdem noch sehen und lieb haben. Ich bin nicht das einzige Kind, das die Trennung der Eltern erlebt."

2.1 Altersspezifische Trennungsreaktionen

Abhängig von Alter, Geschlecht, Charakter und Geschwisterkonstellation reagieren Kinder sehr individuell und unterschiedlich auf die Trennung der Eltern. Zeigte das Kind bereits vor der Trennung Verhaltensprobleme oder psychische Auffälligkeiten, kann sich diese Symptomatik im Rahmen der elterlichen Trennung erheblich verstärken.

In der Fachliteratur nennt man die häufigen, zum Teil sehr heftigen Reaktionen und Auffälligkeiten der Kinder nach der Trennung „akute Trennungsreaktionen". Konkret handelt es sich zum Beispiel um externales Problemverhalten wie Aggressivität, Impulsivität, Reizbarkeit, Wutausbrüche, Stehlen, Ungehorsam oder internales Problemverhalten wie Rückzug, Weinerlichkeit, Einsamkeitsgefühle, Überanpassung. Typischerweise werden die internalen Reaktionsweisen oft nicht als störend empfunden und daher seltener als Problemverhalten erkannt. Zum Ausdruck bringen Kinder ihre belastungsbedingten Probleme häufig im Schulbereich. Sie haben Aufmerksamkeitsstörungen, Leistungsschwächen und Mühe mit dem Einhalten von Regeln. Manchmal klagen Kinder auch über körperliche Beschwerden wie zum Beispiel Bauchschmerzen oder Kopfschmerzen. Obwohl es sich in der Regel nicht um ernsthafte somatische Erkrankungen handelt, müssen diese Klagen ernst genommen werden.

Mit manifesten Verhaltensproblemen reagieren nur circa 20 Prozent aller Kinder auf die Trennung der Eltern. Die normalen und alterstypischen Trennungsreaktionen können wie folgt zusammengefasst werden:

2.1.1 Kleinkinder und Kinder im Vorschulalter

Die Trennung der Eltern im Vorschulalter des Kindes geht mit deutlichen Verlustreaktionen des Kindes einher: Angst, Verwirrung, Weinen, Traurigkeit, gesteigerter Aggressivität, Trotz, Phantasien, Schuldgefühlen, Schlafstörungen oder vermehrtem Verlangen nach körperlichem Kontakt. Typisch ist auch regressives Verhalten, das sind Rückschritte auf entwicklungsmäßig bereits überwundene Verhaltensweisen. Zum Beispiel nässt ein Kind wieder ein, nachdem es bereits trocken war, oder das Kind verlangt wieder den Schnuller, nachdem es diesen bereits entsorgt hat.

Das Hauptsymptom von Kindern im Vorschulalter ist die Angst, dass niemand mehr für sie da ist. Kinder in diesem Alter sind sich ihrer Abhängigkeit von den Eltern bewusst und sorgen sich konkret darum, wer sich vom Zeitpunkt der Trennung an um sie kümmert. Fragen wie „Wer kocht für mich?“, „Wer bringt mich zum Kindergarten?“, „Bist du noch da, wenn ich heimkomme?“ tauchen häufig auf und kehren wieder.

Für Zeit und Entfernungen haben Kinder unter drei Jahren noch kein Gefühl und keine Vorstellung, was zu Problemen beim Übergang zwischen den Eltern führen kann. Haben Eltern wenig Zeit für das Kind und sind sehr mit den eigenen Problemen beschäftigt, empfindet das Kind dies als Liebesentzug und reagiert zum Beispiel mit Klammerverhalten oder reduzierter Frustrationstoleranz, die sich in verstärkter Weinerlichkeit ausdrückt.

Kinder im Vorschulalter sind noch stark im Egozentrismus verhaftet: Sie neigen dazu, sich im Mittelpunkt des Geschehens zu sehen. Kleinkinder gehen davon aus, dass alles, was um sie herum geschieht, mit ihnen zu tun hat. Dementsprechend denken sie, dass sie für die Trennung der Eltern verantwortlich sind, im Sinne von: „Papa ist weggegangen, weil ich ungehorsam war.“ Durch besonders braves Verhalten versucht das Kind zu erwirken, dass der weggezogene Elternteil wieder zurückkommt. Weil das Kind mit diesen Bemühungen keinen Erfolg hat, reagiert es mit Enttäuschung, zum Beispiel mit Wut gegenüber beiden Elternteilen und Gleichaltrigen.

Vorschulkinder haben zudem eine andere Logik als ältere Kinder. Sie können den Zusammenhang von Geschehnissen um sie herum noch nicht verstehen. Beispielsweise sehen sie nicht ein, weshalb das Fremdgehen eines Elternteils ein Grund für eine Trennung ist, da sie ja auch verschiedene Personen lieb haben.

Kinder im Vorschulalter denken ganz konkret und linear. Für das Kind ist klar: Wenn ein Elternteil weggehen kann, kann dies auch der andere Elternteil tun. Die noch unklaren Vorstellungen von Zeit und Entfernung verstärken dies. Beispielsweise sind Kinder nicht fähig zu unterscheiden, ob ein Elternteil die Familie für immer verlassen hat oder „nur" zur Arbeit gegangen ist.

2.1.2 Kinder im Schulalter

Jüngere Schulkinder sehen sich nicht mehr als Verursacher der Scheidung. Stattdessen erfahren sie, dass sie kaum Möglichkeiten zur Einflussnahme haben, was sich in Trauer, Hoffnungslosigkeit und kindlicher Depression äußern kann. Schulkinder können aber ihre Bedürfnisse bereits ausdrücken. Sie bekunden zum Beispiel den Wunsch, den anderen Elternteil häufiger zu sehen. Kinder im Schulalter vermissen nämlich den abwesenden Elternteil, egal wie die Beziehung zu diesem vorher beschaffen war. Selbst wenn zum Beispiel der 8-jährige Junge vor der Trennung keine enge Beziehung zum nun getrennt lebenden Vater hatte, vermisst er ihn als Identifikationsfigur. Er möchte auch einen Vater haben und stolz auf ihn sein.

Schulkinder meinen, dass sie die unterschiedlichen Sichtweisen der Eltern und die Gründe der Trennung bereits richtig verstehen können. Daher drücken betroffene Kinder häufig Zorn gegen den Elternteil aus, der nach ihrem Verständnis für die Trennung verantwortlich ist.

Die unterschiedlichen Gefühlslagen der Familienmitglieder nehmen Schulkinder jedoch sehr genau wahr. Sie neigen aber auch dazu, ihre Hoffnungslosigkeit, Trauer, kindlichen Depressionen und sonstigen unangenehmen Gefühle zu verdecken oder ins Gegenteil zu verkehren. So kann die Ablehnung eines Elternteils durchaus ein Ausdruck von Trauer und Sehnsucht sein.

Ältere Schulkinder wissen, dass ihre Gedanken und Gefühle sich von den Gefühlen ihrer Eltern unterscheiden. Kinder möchten aber ähnliche Meinungen, Bewertungen und Gedanken haben wie die Eltern, von denen sie abhängig sind. Sie möchten das Richtige denken und tun. Eltern dienen deshalb als Wegweiser und Ratgeber. Aber besonders in der Trennungsphase weichen Eltern von ihren moralischen Grundsätzen häufig ab und sind schlechte Vorbilder. Die Kinder reagieren dann nicht selten mit Vorwürfen und übernehmen eine Art Schiedsrichterrolle. Sie orientieren und verbünden sich mit dem Elternteil, der in ihren Augen „recht" hat. Dies kann zu massiven, jedoch unbewussten Schuldgefühlen gegenüber dem anderen Elternteil führen. Als Folge der Schuldgefühle reduziert das Kind möglicherweise den Kontakt zu diesem Elternteil, oder es nimmt an diesem Elternteil die negativen Seiten übertrieben wahr und kann dadurch die eigene Ablehnung rechtfertigen. Unterstützt wird dies, wenn Eltern sich gegenseitig ebenfalls negativ darstellen.

2.1.3 Jugendliche

Mit der Reifung des Frontalhirns werden Kinder im Alter von circa 11 bis 12 Jahren fähig, abstrakt zu denken und relative Zusammenhänge zu erkennen. Aufgrund der wachsenden intellektuellen und sozialen Möglichkeiten sind sie im Prinzip dazu imstande, die Ursachen der Scheidung und ihre eigene Stellung im Familiensystem realistisch einzuschätzen. Sie sind fähig, aktiv und einfühlsam an der Gestaltung des zukünftigen Familienlebens mitzuwirken.

Aber die Trennung der Eltern ist auch im Jugendalter der Kinder keineswegs unproblematisch: Jetzt beginnen sich die Kinder damit auseinanderzusetzen, dass sie die Eltern einmal verlassen werden. Sie unternehmen ihre ersten Ablösungsversuche und finden Gefallen daran. Dabei ist es ihnen wichtig zu wissen, dass es den Eltern gut geht, dass diese ja einander haben und daher die Ablösung der Kinder gut verkraften werden. Wenn sich nun aber Eltern in dieser Phase trennen, so stört das diesen Ablösungsprozess. Beziehungsorientierte Jugendliche – häufig Mädchen – fühlen sich dann für *den* Elternteil verantwortlich, dem es schlechter geht, und begegnen dem aus ihrer Sicht schuldigen Elternteil vorwurfsvoll und ablehnend. Andere Jugendliche reagieren mit Zorn, Rückzug und überstürzten Ablösungsversuchen.

Die Trennung der Eltern kann Jugendliche auch in ihren eigenen Beziehungen beeinflussen: Sie vermeiden Beziehungen aus Angst, dieselben Fehler wie die Eltern zu begehen, oder aber sie streben das Gegenteil an, indem sie fehlende Nähe und Geborgenheit in frühen sexuellen Beziehungen suchen.

Wir erörtern nun die bio-psycho-sozialen Gegebenheiten, die bei nahezu jedem Scheidungs- und Trennungskind wirksam und für jegliche Art von Störungen und Auffälligkeiten maßgeblich verantwortlich sind: Loyalitäts- und Ambivalenzprobleme.

2.2 Das Kind im Loyalitätskonflikt

Fallbeispiel A

Die 8-jährige Jana wurde von beiden Eltern betreut, bevor die Mutter den Vater nach einer heftigen Auseinandersetzung infolge einer aufgedeckten Außenbeziehung aus der gemeinsamen Wohnung wies und mit Jana zurückblieb. Von nun an kämpften beide Eltern erbittert um die Obhut über Jana. Eine geteilte Obhut kam für die Mutter aus verschiedenen Gründen nicht in Frage. Im Versuch, Jana auf ihre Seite zu ziehen, machten die Eltern den je anderen Elternteil schlecht. Einerseits unterstützte Jana ihren Vater, indem sie in dessen Klagen über die Mutter einstimmte und den Vater bat, bei ihm bleiben zu dürfen. Andererseits berichtete sie der Mutter nach den Kontakten mit dem Vater nur Negatives über ihn. Von der Schule mehrten sich die Klagen, dass Janas Leistungen nachließen. Sie wirke teilnahmslos und traurig und schließe sich in der Pause nicht mehr den anderen Mädchen an.

Fallbeispiel B

Die drei Mädchen von 5, 7 und 9 Jahren unterhielten vor der Trennung der Eltern ebenfalls eine tragfähige und vertrauensvolle Beziehung zum Vater, bevor dieser die Familie verließ. Der Mutter ging es danach psychisch sehr schlecht, wofür sie den Vater verantwortlich machte. Als Folge davon brach sie den Kontakt zum Vater rigoros ab, verweigerte jegliches Gespräch und überließ es explizit den Kindern, ob diese mit dem Vater noch in Verbindung bleiben wollten oder nicht. Als der Vater endlich eine eigene Wohnung bezogen hatte, begegneten die Mädchen dem Vater erstmals wieder. Der Vater erkannte seine Töchter nicht wieder: Im Kontakt zu ihm waren sie distanziert und verstört. Bald bettelten sie, dass er sie wieder zur Mutter zurückbringen soll. Anschließend weigerten sich die Mädchen hartnäckig, sich am Wochenende von der Mutter zu trennen, um zum Vater zu gehen.

Die beiden Beispiele machen deutlich, dass sowohl Jana als auch die drei Schwestern in einem Loyalitätskonflikt stecken. Aber was heißt das genau, und was bewirkt ein Loyalitätskonflikt?

Etymologisch stammt das Wort „Loyalität" vom französischen *loi*, „Gesetz", und bedeutet gesetzestreu, redlich, anständig. Im Vergleich zu den „regierenden" Eltern ist das Kind klein und schwach und muss sich in seiner Abhängigkeit von den Eltern an deren Regime anpassen, um zu überleben. Damit es Schutz findet und seine Bedürfnisse befriedigt werden, muss es die Loyalitätsanforderungen seiner Eltern erfüllen. Daraus folgt, dass das Kind sich zunächst der Realität und den Wertvorstellungen seiner Eltern unterwerfen und diese zu seinen eigenen machen muss. Dies fällt dem Kind in der Regel leicht, weil es in der Dreierbeziehung an beide Eltern gebunden ist und beide liebt. Wenn beide Eltern ähnliche Wertvorstellungen haben, die gleichen Anforderungen an das Kind stellen und sich darin unterstützen, fällt es dem Kind nicht schwer, gegenüber beiden Eltern loyal zu sein und sich beiden gleichzeitig gegenüber „liniengetreu" zu verhalten. Diese Linientreue gerät selbst dann nicht ins Wanken, wenn das Kind in Konfliktsituationen erlebt, dass die Eltern nicht gleicher Meinung sind. Solange es sich darauf verlassen kann, dass übergeordnete Ziele der Eltern identisch sind und sich die Eltern wieder vertragen, kann das Kind die Spannungen zwischen den Eltern aushalten.

Wenn sich nun aber Eltern trennen und von nun an grundsätzlich unterschiedliche Wertmaßstäbe verfolgen, unterschiedliche Erziehungsvorstellungen haben und diese Unterschiede obendrein vor dem Hintergrund einer feindlichen Grundstimmung zueinander betonen, fühlt sich das Kind zerrissen zwischen seiner loyalen Haltung und Treue dem Vater gegenüber und seiner loyalen Haltung und Treue der Mutter gegenüber. Besonders schlimm wird es für das Kind, wenn die Eltern vom Kind direkt oder auch indirekt Stellungnahme fordern, zum Beispiel das Kind fragen, bei wem es lieber leben möchte oder welchen Elternteil es lieber hat.

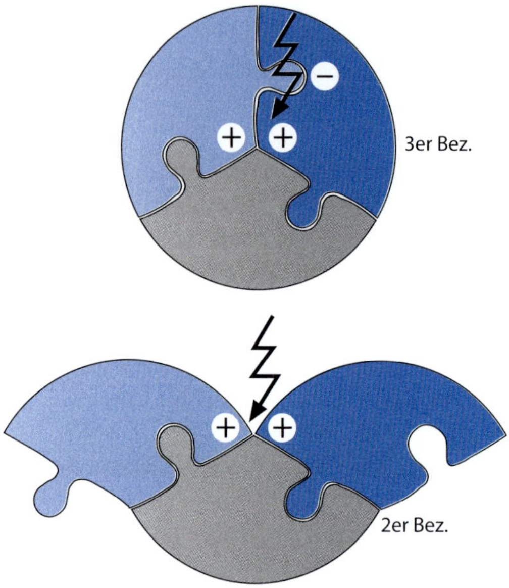

Stellen Sie sich vor...

Um sich besser in die Situation von Kindern im Loyalitätskonflikt einfühlen zu können, stellen Sie sich vor, dass Sie mit zwei Freunden aus der Schul- oder Ausbildungszeit oder einem befreundeten Ehepaar in einer Dreierbeziehung eng befreundet sind. Sie fahren zu dritt in die Ferien, gestalten die Freizeit zusammen, hüten gegenseitig die Kinder und teilen Freud und Leid. Vielleicht teilen Sie sich auch ein Auto oder haben sogar zusammen ein Haus gekauft.

Nun erhalten Sie eines Tages die Nachricht, dass sich Ihre beiden Freunde arg zerstritten und die Freundschaft aufgekündigt haben. Obwohl Sie damit gar nichts zu tun haben und sich für Sie nichts verändert hat, ist ab sofort nichts mehr so, wie es war: Es wird keine gemeinsamen Ferien mehr geben, keine Ausflüge mehr zu dritt und keine Treffen zu dritt bei einem Glas Wein. Außerdem stellt sich die Frage, wie der Auto- oder Hausbesitz zu regeln ist.

Abgesehen davon, dass Sie das Aufbrechen dieser Freundschaft betrauern, müssen Sie sich klar darüber werden, ob und wie Sie nun die Beziehungen zu den beiden Freunden getrennt weiterführen möchten. Sie werden bald merken, dass der Kontakt mit den beiden Freunden getrennt eine ganz andere Qualität hat als der Kontakt zu dritt. Wie Sie sich nun entscheiden und positionieren, hängt unter anderem davon ab, wie feindselig die beiden Freunde inzwischen zueinander stehen. Wenn diese sich nicht gerade den Tod wünschen und von Ihnen keine Loyalität fordern, wird es leichter für Sie sein, den Kontakt zu beiden aufrechtzuerhalten, als wenn beide Sie andauernd ausfragen, ob Sie denn noch Kontakt zum anderen haben, und Sie dann, wenn dies der Fall ist, mit Liebesentzug bestrafen. Genau so ergeht es dem Kind, wenn sich die Eltern trennen.

Vor dem Hintergrund der bio-psycho-sozialen Natur von Loyalität wird deutlich, dass *jedes* Kind in einen Loyalitätskonflikt gerät, wenn sich die Eltern trennen. Der Loyalitätskonflikt gehört zur elterlichen Trennung dazu wie das Fieber zur Grippe-Erkrankung. Aber wie eine Grippe mit unterschiedlich hohem Fieber einhergehen kann, ist auch der Loyalitätskonflikt beim Kind unterschiedlich stark ausgeprägt. Grundsätzlich hängt der Schweregrad von den genau gleichen Faktoren ab wie im oben beschriebenen Fall, in dem sich in einer Dreierbeziehung zwei Freunde die Freundschaft kündigen. Aber schon allein deshalb, weil der emotionale Loyalitäts-Leim in der Familie ungleich fester hält, ist die Situation der Kinder in der Zerrissenheit zwischen den Eltern schwerwiegender als die vergleichbare Situation von Freunden. Während Sie in der Beziehung zu Ihren zwei Freunden jederzeit die Möglichkeit haben, die Loyalität bzw. Beziehung zu dem einem oder anderen Freund zu kündigen, ist diese Bewältigungsstrategie beim Kind wegen seiner emotionalen und existentiellen Abhängigkeit von den Eltern problematisch und nicht erwünscht.

Ob das Kind den Konflikt aushalten kann oder ob es den Konflikt auflöst, indem es zu seiner Bewältigung eine Allianz mit einem Elternteil eingeht, hängt von folgenden sechs Faktoren ab:

1. **von der Abgrenzungsfähigkeit des Kindes**
   Das Kind kann den Konflikt eher aushalten, wenn seine Abgrenzungsfähigkeit entwickelt ist. Aber auch eine gut entwickelte Abgrenzungsfähigkeit ist in Ausnahmesituationen anfällig für Störungen. Ist das Kind durch die Trennung der Eltern schwer belastet, kommt es zu einem Rückfall in der Ambivalenzentwicklung (s. Kap. 2.3). Dies kann dazu führen, dass sich ein Kleinkind wieder an seine Bezugsperson klammert und mit dieser eine Allianz eingeht. Es kommt auch vor, dass Kinder – wie Jana im Fallbeispiel A – in ihrer Ambivalenzfähigkeit (s. Kap. 2.3) einbrechen und in der Unsicherheit darüber, ob sie beide Eltern lieben dürfen, beide Eltern zufriedenstellen möchten. Beim älteren Kind hängt die Abgrenzungsfähigkeit auch von individuellen Faktoren ab, etwa von der persönlichen Widerstandsfähigkeit und vom Geschlecht. Erfahrungsgemäß können sich Knaben besser ab-

grenzen als Mädchen. Dies hat damit zu tun, dass sich Mädchen eher über Beziehungen identifizieren und Knaben eher über den Stärkevergleich mit anderen.

2. **von der Beziehungsgeschichte des Kindes mit dem Vater und der Mutter**
   Der Loyalitätskonflikt ist umso größer, je sicherer und vertrauter das Kind an beide Elternteile gebunden ist und je verfügbarer und verlässlicher beide Elternteile dem Kind zur Verfügung gestanden haben. Wird der eskalierende Loyalitätskonflikt nicht mehr aushaltbar, steigt das Risiko, dass das Kind die Beziehung zu einem Elternteil opfert, wie dies die drei Mädchen im Fallbeispiel B getan haben.

3. **vom Ausprägungsgrad der Negativbeziehung zwischen Vater und Mutter**
   Der Loyalitätskonflikt ist umso größer, je größer der emotionale Abstand der Eltern infolge Elternkonflikt ist und je länger dieser Konflikt dauert. Eltern, welche ihre psychische Energie in einen anhaltenden Konflikt investieren, fehlt es an Kraft, das Kind im Aushalten des Loyalitätskonfliktes positiv zu beeinflussen und zu unterstützen. Dadurch steigt das Risiko, dass das Kind den Loyalitätskonflikt längerfristig nicht mehr aushält und auf eine Weise auflöst wie die drei Mädchen im Beispiel B.

4. **von den Loyalitätsforderungen und Manipulationsversuchen**
   Manche Väter und Mütter versuchen, das Kind zu sich herüberzuziehen und es gegen den anderen Elternteil aufzuhetzen. Entsprechendes Verhalten spielt sich oft vor dem Hintergrund von problematischen Persönlichkeitseigenschaften der Eltern ab. Die Grenze zwischen subtilen, unbewussten Loyalitätsforderungen und bewussten Entfremdungsstrategien ist fließend, und das stellt für das Kind eine große Versuchung dar, sich in der bedingungslosen Solidarität mit einem Elternteil vom unerträglichen Loyalitätskonflikt zu entlasten.

5. **von der Bedürftigkeit des Vaters oder der Mutter, wie das Kind sie wahrnimmt**
   Die Not eines oder beider Elternteile kann die Loyalitätsverteilung des Kindes steuern. Insbesondere wenn das Kind bemerkt, dass es mit seinem Verhalten oder allein schon durch seine Gegenwart diese Not lindern kann, dass es damit in diesem Chaos etwas Kontrolle zurückgewinnen und sich einflussreich fühlen kann, steigt das Risiko, dass es sich dem Elternteil zu-

wendet, dem es schlechter geht. Diese Wahrscheinlichkeit ist umso größer, wenn es sich um *den* Elternteil handelt, von dem sich das Kind nach der Trennung abhängiger fühlt, wie dies im Fallbeispiel B deutlich wird.

6. **vom Grad der Abhängigkeit des Kindes von Vater und Mutter**
   Während sich in Freundschaftsbeziehungen oft unterschiedliche subtile Abhängigkeiten finden lassen, ist ein Kind grundsätzlich von beiden Eltern abhängig. Aber auch das Kind ist ein Homo oeconomicus, der sich in Notsituationen so entscheidet und handelt, dass ihm ein maximaler Nutzen daraus erwächst. Ist das Maß der Erträglichkeit erreicht, steigt das Risiko, dass das Kind seine Loyalität letztlich dem Elternteil zukommen lässt, von dem es sich nach der Trennung abhängiger fühlt.

Auswirkungen des Loyalitätskonflikts auf die Psyche des Kindes

Wenn das Kind aus verschiedenen Gründen nicht bereit ist, die Zweierbeziehung zu dem anderen Elternteil zu opfern, bleibt es in den Loyalitätskonflikt verstrickt. Die Unerträglichkeit dieser Situation wirkt sich zwar nicht auf die Beziehung zu diesem anderen Elternteil aus, aber das Aushalten eines Loyalitätskonflikts absorbiert viel psychische Energie. Je nach Charakter und Temperament des Kindes kann es diese Energie möglicherweise nicht in ausreichendem Maße mobilisieren. Das Kind wird verhaltensauffällig oder zeigt psychische Symptome.

Entwickelt das Kind Anzeichen einer psychischen Störung wie zum Beispiel, indem es zu stehlen beginnt, droht die Gefahr, dass das Symptom ins Zentrum der Aufmerksamkeit rückt und vom eigentlichen Problem ablenkt. Eine psychotherapeutische Abklärung hat zwar das Potential, das Problem zu erkennen. Mit der damit einhergehenden Pathologisierung bzw. Krankmachung kann die Belastung des Kindes aber auch ansteigen.

2.3 Zur Ambivalenzfähigkeit

Fallbeispiel C

Die Eltern der bald 4-jährigen Sarah haben sich vor anderthalb Jahren getrennt und sind nach wie vor stark zerstritten. Sarah lebt bei ihrer Mutter und besucht den Vater jedes zweite Wochenende.

Die Mutter berichtet: „Nach der Trennung hat sich Sarah auf die Zeit mit dem Vater gefreut. Nun zeigt sie seit zwei Monaten Probleme damit. Schon mehrere Tage vor den anstehenden Kontakt klagt sie, dass sie am Wochenende nicht zum Vater gehen möchte. Sie ist weinerlich, gereizt, schläft schlecht und klagt über Bauchschmerzen. Wenn der Vater sie abholen kommt, gibt's ein Riesentheater. Mein Noch-Ehemann wirft mir vor, das Kind zu verwöhnen. Wir streiten uns, bis der Vater mit Sarah davonfährt."

Der Vater berichtet: „Während der Autofahrt beruhigt sich Sarah regelmäßig. Sie wird allmählich fröhlich und gesprächig. Sarah genießt die gemeinsame Zeit mit mir und fragt nie nach der Mutter. Am Sonntagnachmittag vor der Rückkehr zur Mutter wird Sarah regelmäßig still. Sie klagt über Bauchschmerzen, wird weinerlich und sagt immer wieder, dass sie bei mir bleiben will."

Beide Eltern interpretieren das Verhalten von Sarah als Ausdruck ihrer Beziehung zu ihren Eltern und gehen davon aus, dass es dem Kind beim jeweils anderen Elternteil nicht gut geht. Sarahs Verhalten hat aber nichts mit ihrer Beziehung zu Mutter und Vater zu tun, sondern ist ein typisches Verhalten eines noch ambivalenzunfähigen Kindes. Was heißt das?

Die rein beschreibende Verwendung des Ambivalenzbegriffs bezieht sich auf ein wertungsfreies Nebeneinander von Gegensätzen im Denken, Fühlen oder Handeln. Ambivalenz ist eine Art optische Täuschung, die sich in den Gedanken abspielt.

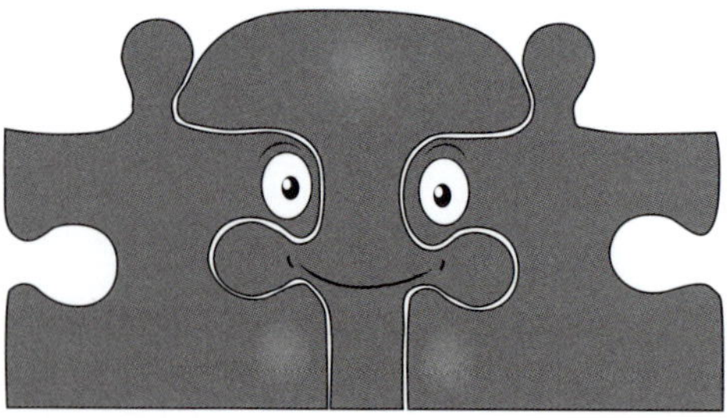

Ein typisches Beispiel für eine solche Sowohl-als-auch-Wertigkeit ist der Begriff „Hassliebe“. Ambivalenzfähige Menschen sind in der Lage, einer Sache oder einem anderen Menschen gegenüber gleichzeitig gegensätzliche Gefühle zu empfinden oder einander widersprechende Wertigkeiten gelten zu lassen. Daher ist Ambivalenzfähigkeit mit der Fähigkeit des reifen Menschen verbunden, Spannungen von gegensätzlichen Gefühlszuständen (Liebe und Hass, Angst und Mut) auszuhalten und zu integrieren.

Zwar ist das 3- bis 4-jährige Kind grundsätzlich dafür ausgerüstet, Dingen oder Personen gegenüber qualitativ gemischte Gefühle auszudrücken. Häufig lässt sich dies in Interaktionen von Geschwistern beobachten, wenn zum Beispiel ältere Geschwister ihren jüngeren Geschwistern gegenüber zwischen liebevollen und zärtlichen Gefühlen und ablehnenden bis zuweilen hasserfüllten Gefühlen hin- und herpendeln. Kindern im Vorschulalter ist es aber aufgrund ihrer noch eingeschränkten Hirnleistung noch nicht möglich, zwei unterschiedliche Gefühlsqualitäten *gleichzeitig* zu erfassen. Zwar können sie Situationen beschreiben, die in ihnen bestimmte einfache Gefühle hervorrufen. Sie können sich aber nicht vorstellen, dass es möglich ist, zwei Gefühle gleichzeitig zu haben, sozusagen „zwei Seelen in einer Brust“.

Das heißt, dass Vorschulkinder die Trennung der Eltern psychisch eigentlich nicht erfassen können und nicht fähig sind, ambivalente Gefühle bei sich wahrzunehmen, geschweige denn auszuhalten. Entsprechend können sie nur schwer verstehen, dass sie sowohl Mutter als auch Vater gleichzeitig lieben dürfen, obwohl diese miteinander zerstritten und nicht mehr in einer Dreierbeziehung mit ihnen verbunden sind. Sie haben Angst, den einen Elternteil zu verlieren, wenn sie den anderen Elternteil lieb haben.

Besonders schwierig ist die Situation für Kleinkinder, welche sich gerade aus der engen Bindung mit der Mutter gelöst und in der Bindung zum Vater eine Dreiecksbeziehung installiert haben. Trennen sich Eltern zum Zeitpunkt dieser Entdeckung, ist dies für das Kind besonders irritierend und verwirrend: Kaum hat es Möglichkeiten und Vorteile der Dreierbeziehung mit seinen Eltern gegenüber der engen Bindung mit einem Elternteil als entlastend und lustvoll entdeckt, muss es bereits die größte Herausforderung des Trennungskindes meistern, nämlich den Übergang von einer Dreierbeziehung zu zwei Zweierbeziehungen.

Im Alter zwischen 6 und 8 Jahren beginnen Kinder Situationen zu beschreiben, die zwei verschiedene Gefühle hervorrufen können, wobei es sich immer noch um ein Nacheinander von unterschiedlichen Gefühlen handelt. Kinder in diesem Alter zweifeln immer noch daran, dass man gleichzeitig unterschiedliche Gefühle haben kann. Beispielsweise sagt das Kind: „Eigentlich habe ich mich auf Papa sehr gefreut. Dann war ich aber wütend auf ihn, weil er Mama und mich verlassen hat." Mit zunehmender Differenzierung von Gefühlswahrnehmungen und der Möglichkeit, Gefühle zu benennen, sind 7-jährige Kinder in der Lage, Situationen zu beschreiben, in welchen sie zwei unterschiedliche, aber immer noch gleichgefärbte Gefühle bei sich wahrnehmen. Beispielsweise sagt das Kind: „Wenn ich abends nicht mehr mit meiner Freundin spielen kann, bin ich traurig und wütend auf meine Mutter."

Die Integration von zwei Gefühlen unterschiedlicher Qualität gelingt erst dem circa 10-jährigen Kind, und mit dem Heranreifen des Frontalhirns im Alter von circa 11 Jahren ist es dem voradoleszenten Jugendlichen möglich, sowohl kognitiv als auch emotional zu erfassen, dass eine Situation auch gegensätzliche Gefühle hervorrufen kann, was das Kind beispielsweise in der Aussage ausdrückt: „Ich liebe meinen Vater über alles, aber ich bin immer noch wütend auf ihn, dass er uns verlassen hat."

Wenn das Kind wiederholt erlebt, dass es von den Eltern auch dann geliebt wird, wenn es ihnen mit Hass, Ungehorsam oder Schwierigkeiten begegnet, macht es die wichtigste Erfahrung in Bezug auf die Entwicklung einer gesunden Ambivalenzfähigkeit. Vor dem 3. Lebensjahr ist das Kind noch nicht fähig, diese Erfahrung zu verinnerlichen und als selbstverständlich zu nehmen. Aber auch ältere Kinder können unter Stress und schweren Belastungen in ihrer Ambivalenzfähigkeit einbrechen und daran zweifeln, dass sie beide Eltern gleichzeitig lieb haben dürfen (vgl. Fallbeispiel A).

Merke

Sie als Eltern können Ihr Kind bei der Entwicklung einer gesunden Ambivalenzfähigkeit unterstützen, indem Sie entsprechende Rahmenbedingungen schaffen. Geben Sie Ihrem Kind die Möglichkeit, diese Spannung auszuhalten und zu erfahren, dass es normal ist, wütend auf die Eltern zu sein und diese gleichzeitig gern zu haben. Insbesondere ist es Ihre Aufgabe als Eltern, Ihrem Kind zu vermitteln, dass es geliebt wird, auch wenn es auf Sie böse ist. Das Kind lernt zu akzeptieren, dass beides wahr ist: sowohl seine überwiegende Liebe als auch sein zeitweiliger Hass auf die Eltern. Reagieren Sie niemals mit Liebesentzug, und vermeiden Sie, das Kind dafür zu bestrafen, wenn es sich Ihnen nicht zuwendet.

Wenn das Kind die Erfahrung verinnerlicht, dass es nur geliebt wird, solange es sich den Eltern zuwendet, gelingt es ihm nicht, Konflikte auszuhalten und vertrauensvolle Beziehungen trotz gegensätzlicher Gefühle aufrechtzuerhalten. Wenn es diese Konfliktspannung nicht aushält, droht das Kind die Welt zu spalten: Personen sind entweder gut oder böse, die Welt ist schwarz oder weiß. Stattdessen muss das Kind lernen, dass jede Medaille zwei Seiten hat.

2.4 Zum Nachtrennungskonflikt der Eltern

Der Konflikt zwischen den Eltern beginnt typischerweise bereits vor der Scheidung; er endet aber nicht unbedingt mit der vollzogenen Trennung. Die Scheidungsforschung hat hinreichend belegen können, dass der nach der Trennung anhaltende Elternkonflikt den schädlichsten Einfluss auf das Befinden der Kinder darstellt und deren Anpassung an die veränderte Situation am meisten behindert. Wird das Kind wiederholt zur Zielscheibe von Feindseligkeiten der Eltern, führt die mentale und gefühlsmäßige Überforderung häufig zu einem Einbruch des Selbstvertrauens und Selbstbewusstseins. Entsprechend sind Kinder von stark zerstrittenen Eltern verhaltensauffälliger, leiden unter emotionalen Störungen, zeigen schlechtere Schulleistungen und sind sozial weniger kompetent.

2.4.1 Konflikt-Charakteristik und das Kind

Es versteht sich von selbst, dass der anhaltende Streit der Eltern das Kind emotional bedroht und daher in seiner Entwicklung beeinträchtigt. Inwieweit das Kind davon betroffen ist und Schaden nimmt, hängt von den Eigenschaften des Konflikts ab.

Häufigkeit und Dauer. – Das Kind leidet umso mehr, je häufiger es dem elterlichen Konflikt ausgesetzt ist und je länger die Konflikte anhalten. Über mehrere Stunden oder Tage brodelnde Spannungen sind besonders belastend. Bei den wenigen Gelegenheiten, die das Kind hat, seine Eltern noch als Einheit zu erleben, heißt das: Je häufiger und länger das Kind die Eltern im Konflikt erlebt, desto seltener macht es die Erfahrung, dass die Eltern sich freundlich begegnen.

Ausprägungsgrad. – Das Konfliktausmaß für sich genommen fällt bei Kleinkindern mehr ins Gewicht als bei älteren Kindern. Lautstarke und bedrohliche Auseinandersetzungen strapazieren das Bindungssystem von Säuglingen und Kleinkindern, und zwar unabhängig vom Inhalt des Konflikts. Beispielsweise ist es für das Kleinkind bedrohlicher, wenn sich die Eltern anschreien, als wenn die Eltern überhaupt nicht mehr miteinander reden. Zu bedenken ist auch die scheinbare charakterliche Verwandlung der Eltern während eines heftigen Streites: Je ausgeprägter der Konflikt ist, desto deutlicher nimmt das Kind die Veränderung in Mimik, Stimme und Bewegungsmuster seiner Eltern wahr. Diese Veränderungen sind insbesondere für Kleinkinder irritierend und beängstigend.

Charakteristik bzw. „Spielart“. – Es ist hinreichend belegt, dass körperliche Gewalt zwischen den Eltern für das Kind besonders traumatisierend ist. Neuere Untersuchungen weisen darauf hin, dass es für das Kind sogar traumatischer ist mitzuerleben, wenn sich die Eltern gegenseitig misshandeln, als wenn es selbst misshandelt wird. Offenbar belastet körperliche Gewalt zwischen den Eltern die Kinder unabhängig davon, ob sie direkt oder indirekt Zeugen der Gewalt sind. Selbst wenn die Kinder der Gewaltszene nicht direkt ausgesetzt waren, zeigen sie häufig posttraumatische Belastungsstörungen, Depressionen, regressives Verhalten, Schlafstörungen und eine erhöhte Anfälligkeit für andere psychischen Störungen.

Dynamik. – Dieses Kriterium fragt nach dem Verlauf und der Beteiligung der Akteure. Für die anhaltende Hochkonflikthaftigkeit nach der elterlichen Trennung stimmt die Redeweise „Zum Streiten braucht es zwei“ nur bedingt: In der Praxis begegnen durchaus auch Fälle, in denen ausschließlich ein Elternteil – häufig aufgrund einer nicht bewältigten Trennung – den anderen Elternteil mit streitsüchtigem Verhalten an sich bindet oder ein Stalking-Verhalten entwickelt. Da die beiden Partner durch gemeinsame Kinder naturgemäß verbunden sind und den Kontakt der Kinder zu beiden Elternteilen gewährleisten müssen, kann sich der harmoniewillige Ex-Partner nicht in dem Maße vom streitsüchtigen Partner distanzieren oder verabschieden, wie dies bei kinderlosen Paaren angemessen wäre. Sind die Kinder in der Lage, das streitsüchtige Verhalten eines Elternteils zu erkennen, steigt das Risiko, dass sich die Kinder von diesem Elternteil distanzieren, was in der Regel das streitsüchtige Verhalten des Elternteils zusätzlich nährt.

Inhalt. – Streitigkeiten über kindbezogene Themen wie zum Beispiel Kontakte zum anderen Elternteil oder Erziehung sind für Kinder besonders belastend, weil diese Konflikte ein großes Scham- und Schuldpotential enthalten.

Art und Weise der Konfliktauflösung. – Jeder Konflikt hat eine Dynamik und eine Struktur mit einem Anfang und in der Regel auch einem Ende. Für Kinder ist es wichtig zu wissen, was nach einer Auseinandersetzung kommt, wann der Streit beendet ist und sie wieder angstfrei durchatmen können. Erkennen Kinder das Ende einer Auseinandersetzung nicht, bleiben sie in der Angst gefangen.

2.4.2 Wie sich der Elternkonflikt auf die Entwicklung des Kindes auswirkt

Mangelhafte Aufmerksamkeit. – Der anhaltende Konflikt nimmt streitende Eltern gefühlsmäßig und gedanklich oft derart in Beschlag, dass sie nicht mehr in der Lage sind, die Bedürfnisse ihrer Kinder im Auge zu behalten und diese in ihren Entwicklungsaufgaben hinreichend zu unterstützen.

Inkonsistente Disziplinierung. – Anhaltender Elternkonflikt geht oft mit einer nicht zuverlässigen oder widersprüchlichen Gehorsamserziehung einher. Dies ist besonders problematisch, weil das Kind in den Zeiten des Familienumbruchs und des damit verbundenen Orientierungsverlusts auf eine verlässliche Elternführung angewiesen wäre.

Bedrohte emotionale Sicherheit. – Elternkonflikt bedroht Kinder in erster Linie in deren Sicherheitsbedürfnis. Der Konflikt zwischen den Eltern führt zu Trennungs- und Verlustangst. Nach der elterlichen Trennung aktiviert jeder Streit der Eltern beim jüngeren Kind die Angst, dass es auch vom anderen Elternteil verlassen werden könnte.

Verknüpfung von „Streit“ und „Katastrophe“. – Nicht selten kommt es vor, dass Kinder ihre verantwortungsbewussten, zivilisierten und gut situierten Eltern im Rahmen einer dramatischen Trennung zum ersten Mal richtig streiten sehen und dieser Streit sogar mit Gewalt einhergeht. Wenn dieser Konflikt anhält und sich sozusagen chronifiziert, fehlt diesen Kindern die Erfahrung, dass sich Eltern streiten und danach wieder versöhnen können. Nun setzt das Kind Streit mit Trennung gleich. Diese Gleichsetzung wird zum Risiko in der kindlichen Sozialentwicklung, wenn konflikttraumatisierte Kinder im späteren Alter dazu neigen, Beziehungen in Frage zu stellen oder sofort zu beenden, wenn sich zwischenmenschliche Konflikte einstellen.

Elternkonflikt als traumatische Erfahrung. – Nicht zuletzt erfüllt ein eskalierender Elternkonflikt kurz vor oder anlässlich der vollzogenen Trennung die drei Kriterien des Traumas: Der Konflikt bildet im Leben des Kindes ein (a) einschneidendes, (b) nicht vorhersehbares und (c) nicht beeinflussbares Ereignis.

Gefahr des emotionalen Missbrauchs. – Wie sich hinreichend belegen ließ, steigt mit anschwellendem Konflikt die Wahrscheinlichkeit, dass die Kinder von ihren Eltern in deren Angelegenheiten verwickelt werden, indem diese ihre Gefühlslagen mit den Kindern diskutieren und von ihnen Unterstützung und Loyalität erwarten oder einfordern. Damit sind Kinder aber überfordert.

Psychische Störungen. – Die psychischen Reaktionen des Kindes auf den Elternkonflikt sind vielfältig und können sich in so gut wie sämtlichen Verhaltensproblemen des Kindesalters zeigen. Auffälliges Verhalten resultiert zum größten Teil daraus, dass die emotionale und existentielle Sicherheit beeinträchtigt ist. Abgesehen davon, dass das Kind seine Eltern im Streit verändert und fremd wahrnimmt, stellt sich insbesondere das Kleinkind die zwar unbewusste, aber existentielle Frage: Wer kümmert sich um mich, wenn die Eltern sich in Monster verwandeln oder einander kaputt machen? Ältere Kinder im Stadium der Entwicklung des Gerechtigkeitssinnes fühlen sich gezwungen herauszufinden, wer von den streitenden Eltern im Unrecht ist. Rückzugsverhalten, erhöhte Weinerlichkeit und Konzentrationsprobleme sind Ausdruck der übermäßigen gedanklichen Beschäftigung mit dem Elternkonflikt. Im Endeffekt können sich diese Kinder nicht auf ihre Entwicklungsaufgaben konzentrieren. Viel zu sehr sind sie damit beschäftigt, das Elternverhalten zu überwachen und zu kontrollieren, um gegebenenfalls rechtzeitig reagieren oder sogar einschreiten zu können. Häufig entwickeln diese Kinder ein großes Kontroll- und Sicherheitsbedürfnis, was mit zunehmendem Alter zur Belastung wird und nicht selten Anlass für eine psychotherapeutische Behandlung ist.

Psychosomatische Störungen. – Das andauernde Überwachen der elterlichen Konflikte und die gedankliche Beschäftigung damit bringt das Kind an die Grenzen seiner Belastbarkeit und bewirkt, dass sein Alarmsystem chronisch aktiviert ist. Mittlerweile ist es unbestritten, dass chronischer Stress die Funktionen der Immunabwehr schwächt. Bekannt ist, dass in Stresssituationen verstärkt Stresshormone ausgeschüttet werden. Diese Hormone hemmen die Bildung von immunkompetenten Zellen. Dies führt zu einer erhöhten Infektanfälligkeit von konfliktbelasteten Kindern. Darüber hinaus ist erwiesen, dass chronischer Stress im jungen Gehirn die Entwicklung von Regionen beeinträchtigt, die sowohl für die kognitive als auch für die emotionale Steuerung bedeutsam sind.

Kontakt- und Beziehungsprobleme. – Konfliktbelastete Kinder neigen dazu, den Kontakt mit dem Elternteil, mit dem sie nicht zusammenleben und von dem sie weniger abhängig sind, zu vermeiden oder zu verweigern. Im verzweifelten Versuch, sich in einer ausweglosen Situation ein Maximum an gefühlsmäßiger Sicherheit zumindest eines Elternteils zu bewahren, sind Kinder bereit, die Beziehung zum anderen Elternteil zu opfern, auch wenn sie mit diesem Elternteil vor der elterlichen Trennung tragfähig und vertrauensvoll verbunden waren. Dass das konfliktbelastete Kind aber auf diese rigorose Bewältigungsstrategie zurückgreift, ist nur vor dem Hintergrund eines ausgeprägten Loyalitätskonfliktes zu verstehen. Ein Hinweis darauf ist folgende klinische Erfahrung: Kein Kind hat es gerne, wenn die Eltern streiten. Werden aber sowohl Scheidungskinder als auch Kinder aus vollständigen Familien gefragt, ob es für sie schlimmer wäre, wenn die Eltern sich häufig streiten oder wenn sie sich trennen würden, ziehen die Kinder in der Regel streitende Eltern vor.

2.5 Eltern-Kind-Beziehung nach der Trennung

Wie im Fallbeispiel B dargestellt, lässt sich die Beziehung eines Kindes zu seinen beiden Eltern nach deren Trennung oft nicht vollständig durch die Beziehungsgeschichte des Kindes mit seinem Vater und seiner Mutter vor der Trennung erklären. Unter dem Einfluss des Loyalitätskonflikts, der Ambivalenzfähigkeit, des Elternkonfliktes, der psychischen Situation der Eltern und der Resilienz des Kindes werden mit der elterlichen Trennung beziehungsmäßig die Karten häufig neu gemischt. Eine der Schwierigkeiten, welche mit der Umwandlung von einer Dreierbeziehung in zwei Zweierbeziehungen einhergeht, gründet auf der Tatsache, dass das Ganze mehr ist als die Summe seiner Teile. Auch Erwachsene machen mitunter die Erfahrung, dass das Zusammensein mit zwei Freunden in einer Dreierbeziehung lustvoller und spannender sein kann als das Zusammensein mit den beiden Freunden getrennt.

Nach der elterlichen Trennung liegt es grundsätzlich im Interesse des Kindeswohls, die Beziehung des Kindes zu beiden Eltern aufrechtzuerhalten. Beziehungsabbrüche zu Bindungs- und Bezugspersonen sind der Persönlichkeitsentwicklung des Kindes mit Sicherheit nicht zuträglich. Dabei stellt sich die Frage, wie viel Kontakt zu beiden Elternteilen notwendig ist, um eine Fehlentwicklung zu verhindern, und wie sich ein fehlender Kontakt auf die Verhaltensanpassung auswirkt.

Ob ein anhaltender Kontakt zum getrennt lebenden Elternteil dem Kindeswohl zuträglich ist oder womöglich sogar schadet, hängt von verschiedenen

Faktoren ab, insbesondere vom Konfliktniveau, von der emotionalen Nähe zwischen Kind und Elternteil, vom Verhalten des getrennt lebenden Elternteils und davon, inwieweit der hauptbetreuende Elternteil den Kontakt unterstützt.

Zwischen Kontakthäufigkeit und allgemeiner Verhaltensanpassung konnte die Scheidungsforschung wenige bis keine Zusammenhänge identifizieren. Wesentlich entscheidender als die Häufigkeit des Kontakts scheint die Qualität der Beziehung zwischen dem getrennt lebenden Elternteil und dem Kind zu sein. Eine gute Qualität bedingt nun aber ein gewisses Maß an regelmäßig gemeinsam verbrachter Zeit. Tatsächlich zeigt sich, dass regelmäßige Kontakte die Anpassung und weitere Entwicklung des Kindes stärker begünstigen als unregelmäßige Kontakte. Offenbar kommen regelmäßige Kontakte dem Kontrollbedürfnis des Kindes eher entgegen.

Die Eltern-Kind-Beziehung nach der Trennung lässt sich als Punkt auf einem Kontinuum von „positiv“ zu „negativ“ dargestellen und auf sechs Stufen beschreiben:

Beziehungsstufe 1: keine Bevorzugung. – Am positiven Ende dieses Kontinuums ist die überwiegende Mehrheit der Kinder anzusiedeln, welche vor der Trennung zu beiden Eltern emotional tragfähige Beziehungen erfahren haben. Die trennungsbedingte Belastung für diese Kinder entsteht vor allem aus dem Verlustschmerz in Bezug auf die gemeinsamen Erfahrungen als Familie. Sie vermissen den Elternteil, der ausgezogen ist, und äußern den klaren Wunsch nach genügend Zeit mit beiden Elternteilen.

Beziehungsstufe 2: Vorliebe für einen Elternteil. – Auch innerhalb der Gruppe von Kindern mit einem klaren Beziehungswunsch in Bezug auf beide Eltern gibt es Kinder, welche eine Vorliebe für einen Elternteil ausdrücken. Aufgrund von Alter und Geschlecht, charakterlicher Ähnlichkeit mit einem Elternteil oder als Folge eines elterlichen Erziehungsstils fühlen sich diese Kinder einem Elternteil näher, wobei sich diese Verbundenheit über die Zeit hinweg verändern kann, etwa durch entwicklungsbedingte Bedürfnisse und neue Situationen. Im Allgemeinen sind diese Kinder gegenüber beiden Eltern loyal und drücken ihre Vorliebe nicht offen aus. Auch diese Kinder wünschen hinreichenden Kontakt zu beiden Elternteilen.

Beziehungsstufe 3: Bevorzugung eines Elternteils. – Auf dieser Stufe finden sich Kinder, welche im Rahmen der Trennung eine enge Beziehung zu einem Elternteil entwickeln. Nach der Auflösung der Familie bevorzugen diese Kinder deutlich einen Elternteil und wünschen sich zu dem nicht bevorzugten Elternteil einen begrenzten Kontakt. Häufig handelt es sich um Kinder, welche bereits während des Zusammenlebens einem Elternteil näher waren, meistens nur aufgrund der außerhäuslichen Erwerbstätigkeit des anderen Elternteils. Bei jüngeren Kindern kommt es aber auch vor, dass sie ausschließlich als Reaktion auf die trennungsbedingten Belastungsfaktoren einen Elternteil bevorzugen. Anders als vollständig entfremdete Kinder stoßen diese Kinder den getrennt lebenden Elternteil aber nicht gänzlich zurück und verweigern den Kontakt nicht generell. Meistens drücken sie eine gewisse Ambivalenz gegenüber diesem Elternteil aus, unter Umständen auch Ärger, Traurigkeit, aber auch Liebe. Häufig zeigen Kinder auf dieser Beziehungsstufe ein Verhalten, wie dies im Fallbeispiel C in Kapitel 2.3 dargestellt wurde. Entwickeln die Eltern – unter Umständen mit fachlicher Unterstützung – ein Bewusstsein, dass die Kontaktschwierigkeiten des Kindes nicht Ausdruck der Beziehung zum getrennt lebenden Elternteil sind, sondern Ausdruck seines Loyalitätskonflikts und der damit einhergehenden Schwierigkeiten, von einer Dreierbeziehung zu zwei Zweierbeziehungen überzugehen, sind sie dafür ausgerüstet, das Kind in dieser Entwicklung zu unterstützen und eine Entfremdung abzuwenden.

Beziehungsstufe 4: Allianz mit einem Elternteil. – Die enge, allianzartige Elternbindung eines Kindes kann die Folge von schweren elterlichen Konflikten sein, in welchen das Kind ermutigt wurde, Stellung zu beziehen oder als Überbringer von feindlichen Nachrichten zu amten. Oft entstehen Eltern-Allianzen bei Schulkindern als Reaktion auf eine Trennungsdynamik, in die Kinder involviert werden, in der aber auch moralische Urteile über Fragen kursieren, wer die Scheidung verursacht hat, wer am meisten leidet und verletzlicher ist oder wer die Unterstützung des Kindes benötigt oder verdient. Diese mitunter dezidierten Allianzen sind meistens zeitgebunden: Wenn das Kind im Trennungsprozess von einem systemisch versierter Therapeuten begleitet wird oder wenn andere unterstützende Erwachsene sein Vertrauen gewinnen, lässt sich diese Einstellung abschwächen oder ganz verhindern.

Beziehungsstufe 5: Entfremdung bei noch vorhandener Ambivalenz. – Wenn sich anfängliche Allianzbildung im Kontext einer bitteren Kampfscheidung mit langwierigen Verhandlungen niederschlägt und verhärtet, kann dies eine hartnäckige Kontaktverweigerung des Kindes zur Folge haben und in eine Eltern-Kind-Entfremdung münden. Im Unterschied zu vollständig, also internalisiert entfremdeten Kindern (s. Beziehungsstufe 6) gelingt es Kindern dieser Gruppe, sich an positive Erfahrungen mit dem abgelehnten Elternteil in der Vergangenheit zu erinnern. Sie sind sogar in der Lage – wenn auch nur widerwillig – einzugestehen, dass sie den anderen Elternteil irgendwie schon auch lieb haben, aber halt einfach nicht mit diesem zusammen sein oder im Moment keinen Kontakt zu diesem haben wollen. Sie verhalten sich beschützend gegenüber dem vorgezogenen Elternteil, welchen sie als verwundbar betrachten, und sind davon überzeugt, dass dieser ihre Aufmerksamkeit oder gar Unterstützung benötigt und mehr verdient als der getrennt lebende Elternteil.

Beziehungsstufe 6: Internalisierte Entfremdung. – Am negativen Ende dieses Kontinuums befinden sich Kinder, welche nach der elterlichen Trennung von einem Elternteil gänzlich entfremdet sind. Sie drücken ihre Zurückweisung gegenüber diesem Elternteil sehr scharf und schrill aus, anscheinend ohne Ambivalenz oder Schuldgefühle. Den Kontakt mit diesem Elternteil verweigern sie heftig oder sperren sich komplett dagegen. Die Überzeugung, dass es sich beim abgelehnten Elternteil um eine Persona non grata handelt, welche unbedingt gemieden werden muss, ist zu einer verinnerlichten Realität geworden. Wie der Grad der Ablehnung und die Qualität der vorangegangenen Eltern-Beziehung zusammenhängen, bestimmt weitestgehend den manipulativen oder reaktiven Anteil an der Entfremdung: Eine gute Beziehungsqualität vor der Trennung und ausgeprägte Ablehnung nach der Trennung weist eher auf einen Manipulationsanteil hin als eine schlechte Beziehung vor der Trennung und heftige Ablehnung nach der Trennung.

2.5.1 Arten von Entfremdung zwischen Eltern und Kindern

In den letzten Jahren ist das Anschuldigen von Eltern, welche ihre Kinder manipuliert haben sollen, zu einer verbreiteten Strategie in zahlreichen Trennungs- und Scheidungsfällen geworden, wenn Kinder den Kontakt zum getrennt lebenden Elternteil verweigern. Maßnahmen lassen sich erst erörtern, wenn die Art der Entfremdung identifiziert ist:

Induzierte Entfremdung

An der schrillen Ablehnung eines hinreichend guten Elternteils, mit dem das Kind vor der elterlichen Trennung eine emotional tragfähige Beziehung unterhielt, sind in der Regel zwei Prozesse beteiligt: Zum einen ist die Ablehnung Ausdruck eines Bewältigungsversuchs im schweren Loyalitätskonflikt, zum anderen ist diese Ablehnung ohne die Mitwirkung einer Bezugsperson nicht denkbar. Als induziert entfremdet gilt ein Kind, das unabhängig und konsistent unvernünftige und unverständliche negative Gefühle wie Wut, Hass, Ekel und Angst und internalisierte negative Überzeugungen gegenüber einem Elternteil ausdrückt. Die Gefühle sind unverhältnismäßig in Bezug auf die realen Erfahrungen mit diesem Elternteil. Die Begründungen des Kindes für die Ablehnung sind oft absurd, unangemessen, entlehnt oder falsch. Die häufig mit der Ablehnung einhergehende Angst ist Ausdruck einer unbewussten Schuld- und Schamabwehr. Das Kind hat Angst vor Rache und Bestrafung durch diesen Elternteil, was zuweilen phobische Reaktionen gegenüber diesem Elternteil hervorrufen kann.

Reaktive Entfremdung

Als Konsequenz einer Geschichte von häuslicher Gewalt, Missbrauch, Vernachlässigung oder erzieherischem Fehlverhalten vor oder auch nach der Trennung lehnen die Kinder den Kontakt zum Elternteil aufgrund von eigenen Negativerfahrungen ab. Die darauf folgende Entfremdung ist also eine Reaktion auf ein bestimmtes Beziehungsgeschehen zwischen Elternteil und Kind; daher die Bezeichnung „reaktive Entfremdung". Dieses Phänomen muss klar vom oben genannten Phänomen der induzierten Entfremdung unterschieden werden.

Das Ablehnungsverhalten von reaktiv entfremdeten Kindern gleicht dem Verhalten von induziert entfremdeten Kindern. Auch diese Kinder bringen intensive Negativgefühle wie Wut, Hass und Angst gegenüber dem zurückgewiesenen Elternteil zum Ausdruck. Die Angst hat aber einen realen Boden und lässt sich durch das Verhalten des Elternteils erklären. Diese Kinder wirken traumatisiert und fühlen sich nur dann sicher, wenn sie nach der Trennung den gewalttätigen oder misshandelnden Elternteil zurückstoßen oder sich von diesem fernhalten. Reaktiv entfremdete Kinder können sowohl selber misshandelt worden als auch indirekt Zeugen einer Misshandlung gewesen sein. Die reaktive Entfremdung kann das kumulative Resultat von wiederholt beobachteten Gewalttaten oder explosiven Ausbrüchen dieses Elternteils vor, während oder nach der elterlichen Trennung sein.

Bei einer weiteren Gruppe von Kindern ist die reale bzw. reaktive Entfremdung eine Reaktion auf schwere elterliche Unzulänglichkeiten. Zu diesen Mängeln zählen zum Beispiel inkonsistentes, unreifes und egozentrisches Verhalten, fortgesetzter emotionaler Missbrauch des Kindes oder seiner Bezugsperson, tabuisierte körperliche Gewalt, persönlichkeitsbedingte Frustrationsintoleranz, rigide und restriktive Erziehungsstile, aber auch dysfunktionales Verhalten infolge einer psychischen Störung oder einer Suchterkrankung, welche sich auf die elterlichen Fähigkeiten und familiären Funktionen ausgewirkt hatten.

Mischform von induzierter und reaktiver Entfremdung

In ihrer Reinform sind die induzierte und die reaktive Entfremdung eher selten. In der Praxis trifft man häufig auf Mischformen. Insbesondere wenn die heftigen Streitigkeiten der Eltern andauern, wird es zunehmend müßig, zwischen induzierter und reaktiver Entfremdung unterscheiden zu wollen, zumal sich reale Negativerfahrungen mit dem abgelehnten Elternteil schon aus den anhaltenden Elternkonflikten ergeben. Ebenfalls nicht selten hat ein Kind in der noch vollständigen Familie ein Fehlverhalten in der Erziehung oder ein traumatisches Ereignis erlebt (z. B. erzieherisches Fehlverhalten, Zurückweisung, unverhältnismäßige Bestrafung). Diese scheinbar überwundene Erfahrung stellt eine realistische Basis für die reaktive Entfremdung vom „Täter" dar, wenn ein Elternteil nach der elterlichen Trennung dieses Ereignis „reaktiviert" und für taktische Vorteile in Scheidungsstreitigkeiten in manipulativer Absicht immer wieder aufkocht und dem Kind serviert.

Eine Mischform von reaktiver und induzierter Entfremdung zeigt sich auch in Familien, in denen behütete und umsichtig erzogene Kinder im Rahmen der Trennung ihrer Eltern zum ersten Mal einen heftigen Streit mit oder ohne körperliche Gewalt erleben, dem der Auszug eines Elternteils folgt. Die Enttäuschung und die Wut auf diesen verlassenden Elternteil können in eine reaktive Entfremdung münden, wenn der als Opfer wahrgenommene Elternteil dem Kind nicht über diese Enttäuschung hinweghilft, sondern das Kind in seiner Wahrnehmung bestätigt.

2.5.2 Umgang mit Eltern-Kind-Entfremdung

Wenn es darum geht, bei induzierter Entfremdung Elternkontakte wieder aufzunehmen, gilt es, den Verinnerlichungsgrad der Entfremdung zu diagnostizieren. Bei einer beginnenden Entfremdung zeigt das Kind noch Ambivalenzen in Bezug auf den Elternteil, das heißt, es führt einen innerlichen Kampf darum, die Ablehnung aufrechtzuerhalten. Einerseits kann es sich an positive Erfahrungen mit dem Elternteil erinnern und den Wunsch nach einem Kontakt mit dem Elternteil ausdrücken, andererseits klammert es sich verzweifelt an die negativen Eigenschaften des Elternteils, um sich selber und der Umwelt zu beweisen, dass es mit Recht keinen Kontakt mehr zu diesem Elternteil haben will.

Zunächst ist es wichtig, dass benachteiligte Eltern nicht zuwarten, in der Hoffnung, dass das Kind zur Ruhe kommt und mit der Zeit dann doch wieder Kontakt will. Nach zwei, spätestens aber nach drei verweigerten oder abgesagten Kontakten gilt es aufzuhorchen. Elternteile verpassen häufig den Interventionszeitpunkt, weil sie eine zusätzliche Eskalation der Elternkonflikte befürchten. Die Frage, wann und wie intervenieren, stellt eine Gratwanderung dar.

Im Fallbeispiel C (Kap. 2.3) hat sich der Vater nach mehreren nicht zustande gekommenen Kontakten an die zuständige Behörde gewandt. Die gesetzliche Verfügung eines begleiteten Umgangs hat die Mutter den Kindern als Racheakt und Bestrafung des Vaters präsentiert. Dass die Kinder sich nun noch heftiger geweigert haben, versteht sich von selbst.

Die Wiederaufnahme von Elternkontakten ist problematischer und oft nicht mehr möglich, wenn das Kind das negative Bild vom Elternteil und seine feindselige Haltung diesem gegenüber bereits verinnerlicht hat. Bei dieser Verinnerlichung kann es sich um einen schleichenden Prozess von mehreren Monaten handeln, aber auch um eine mehr oder weniger abrupte und unvorhergesehene Ablehnung. Dieses Phänomen zeigt sich bei Kindern, welche den Loyalitätskonflikt nicht mehr aushalten. Von einer verinnerlichten bzw. internalisierten Ablehnung spricht man, wenn das Kind in Bezug auf den abgelehnten Elternteil nicht mehr ambivalent ist und wenn das dämonisierte Bild vom abgelehnten Elternteil für das Kind zu einer neuen Realität geworden ist. Diese Realität ist wie ein verinnerlichtes Programm, welches die Wahrnehmung und das Erleben des Kindes bestimmt. Das Kind ist in seiner Überzeugung nicht mehr erschütterbar. Versuche in dieser Richtung wird das Kind als Übergriff und Verletzung seiner Integrität wahrnehmen.

Teil II

Praktischer Teil

3
Was Sie für Ihre Kinder tun können

Eine häufige Sorge der Eltern betrifft die Frage, was sie tun können, damit die elterliche Trennung ihr Kind nicht nachhaltig schädigt oder seine Entwicklung behindert. Die Trennung der Eltern geht für die Kinder mit bedeutsamen Veränderungen und mit Verlusterfahrungen einher, welche die Kinder zu bewältigen haben. Die Eltern haben aber einen entscheidenden Einfluss darauf, wie gut sich die Kinder an die neuen Lebensumstände anpassen können. Je besser es Ihnen gelingt, das Kind bei dieser Aufgabe zu unterstützen, desto besser ist auch Ihr psychisches Wohlbefinden – die wichtigste Grundlage dafür, dass Sie Ihre Beziehung zu Ihren Kindern positiv gestalten können.

Bevor Sie ganz konkrete Anleitungen und Ratschläge finden, wie Sie Ihren Kindern die Anpassung erleichtern, noch einmal eine Übersicht darüber, mit welchen Veränderungen und Ängsten Ihre Kinder möglicherweise konfrontiert sind.

Die Trennung der Eltern führt für Kinder zu:

- Verlust der üblichen Routine in der Familie
- Verlust der vertrauten familiären Struktur und Organisation
- Verlust der Gewissheit, dass beide Eltern immer für sie da sind und für sie sorgen werden
- Verlust des täglichen Kontakts mit beiden Elternteilen
- Verlust des Kontakt zur erweiterten Familie des getrennt lebenden Elternteils
- Verlust der gemeinsamen Wohnung oder des eigenen Zimmers
- Verlust der Mitschüler und Freunde infolge Umzug und Schulwechsel
- Verlust des Haustieres
- Verlust der Freiheit bei der Freizeitgestaltung
- Angst, auch von dem anderen Elternteil verlassen zu werden
- Angst, den getrennt lebenden Elternteil nicht mehr so oft zu sehen

- Angst, in den Streit der Eltern hineinzugeraten
- Angst, sich für einen Elternteil entscheiden zu müssen
- Angst, dass sich die Eltern mit einem neuen Partner, einer neuen Partnerin zusammentun

Je mehr der genannten Verlusterfahrungen und Ängste auf Ihr Kind zutreffen, desto wahrscheinlicher reagiert es mit Anpassungsreaktionen, die wiederum Sorge oder Ärger bei Ihnen auslösen und Sie dazu verleiten, unwillentlich falsch zu reagieren.

Die Bewältigungsstrategien der Kinder sind noch nicht so ausgereift wie bei Erwachsenen. Daher haben Kinder weniger Möglichkeiten, sich selber zu helfen oder aktiv etwas zu verändern. Kinder reagieren, wenn sie überfordert sind, oft mit Ungehorsam, Frechheit und anderen problematischen Verhaltensweisen. Mit ihrem „unmöglichen Verhalten" teilen die Kinder Ihnen unbewusst mit, dass sie Mühe haben, sich diesen belastenden Veränderungen anzupassen.

Angesichts der Veränderungen, welche die elterliche Trennung mit sich bringt, erstaunt es jedoch nicht, dass problematisches Verhalten bei den Kindern zunimmt. Aber obwohl es Ihnen manchmal so vorkommt, als ob sich Ihre Kinder in kleine Monster verwandelt hätten, sind diese nicht „schlecht" geworden. Das ist vielmehr Ausdruck ihres Versuchs, mit dem Übergang Schritt zu halten und sich an die neuen Umstände zu gewöhnen. Auch Sie als Eltern sind gefordert, sich an die neue Lebensform anzupassen.

Seit der Trennung haben Sie
- mehr Ausgaben und weniger Geld,
- mehr Arbeit und weniger Zeit,
- mehr Arbeit und weniger Hilfe,
- mehr oder neue Verantwortung (z. B. Austausch von kindrelevanten Informationen mit dem anderen Elternteil),
- mehr Herausforderungen und weniger Kraft (z. B. zum ersten Mal ohne den anderen Elternteil mit den Kindern zusammen sein).

Je mehr Punkte auf Sie zutreffen, desto ausgeprägter ist der Rollenwechsel, den Sie vollziehen müssen. Die Forschung hat hinreichend gezeigt, dass Rollenwechsel in unserem Leben mit Stress verbunden sind und häufig mit depressiven Entwicklungen einhergehen. Der Stress infolge des Rollenwechsels beeinflusst also Ihre Gefühlslage. Im Rahmen der Trennung stellen sich eine Menge unangenehmer Gefühle ein, welche auch Ihr Elternsein und Ihr Erziehungsverhalten in Mitleidenschaft ziehen.

Sie kämpfen mit unangenehmen Gefühlen wie

- Ärger oder Wut,
- depressiven Krisen,
- Gefühlen des Nicht-wahrhaben-Wollens,
- Erschöpfungsgefühlen,
- Schuldgefühlen,
- Ungeduld und Reizbarkeit,
- Überforderungsgefühlen,
- Zukunftsängsten,
- Sorgen um die Kinder.

Vergegenwärtigt man sich die Veränderungen in Ihrem und im Erleben des Kindes und Ihre Gefühlssituation, so wäre es verwunderlich, wenn Eltern und Kinder es nach der Trennung leicht miteinander hätten. Angespannte Stimmungen und häufige Streitigkeiten mit den Kindern tragen das Risiko der Negativspirale in sich: Sie schaukeln einander hoch.

Das führt zu einer gewissen Frustrationsintoleranz gegenüber dem Problemverhalten der Kinder. Unrealistische Erwartungen an die Kinder und an sich selber vergrößern die emotionale Distanz zwischen Kindern und Eltern.

Die elterliche Trennung geht mit Tatsachen einher, die Sie nicht verändern können. Die Scheidungsforschung hat jedoch aufzeigen können, welche Faktoren die Anpassung des Kindes an die Trennung am meisten beeinträchtigen, und sie hat überdies Risiko- bzw. Schutzfaktoren identifiziert, welche die Eltern mittels geeigneter präventiver Interventionsstrategien beeinflussen und kontrollieren können.

Die folgenden vier Strategien zum Schutz des Kindes vor den negativen Auswirkungen der Trennung sind wissenschaftlich begründet und erprobt:

1. Beziehungspflege,

2. Kinder aus der Kampfzone heraushalten,

3. den Kontakt zu beiden Elternteilen unterstützen,

4. wirkungsvoll disziplinieren.

Was heißt das nun aber ganz konkret?

3.1
Wie Sie die Beziehung pflegen

Der elterliche Nachscheidungskonflikt beeinflusst die Anpassung der Kinder sowohl direkt als auch indirekt, Letzteres über ungünstiges Elternverhalten und gestörte emotionale Beziehung zwischen Eltern und Kindern als Folge davon. Die Forschung hat herausgefunden, dass der negative Einfluss des anhaltenden Elternkonflikts auf die Kinder sich etwas abschwächen lässt durch eine tragfähige Beziehung zu mindestens einem Elternteil, durch die gegenseitige Unterstützung von Geschwistern und bei Adoleszenten durch gutes Selbstvertrauen und unterstützende Beziehungen zu Gleichaltrigen.

Im Zusammenhang mit Ihrem Rollenwechsel und den Auseinandersetzungen mit dem anderen Elternteil haben Sie vielleicht oft Mühe, die nötige Energie für die Bedürfnisse der Kinder zu mobilisieren und diesen genügend Aufmerksamkeit zu schenken. Das Problem ist, dass die Kinder Sie jetzt besonders brauchen. In der Zeit der Verunsicherung braucht das Kind die Gewissheit, dass es von den Eltern weiterhin geliebt wird, auch wenn sich diese mitunter seltsam verhalten. Daher tun Sie gut daran, die Beziehung zum Kind zu intensivieren.

Für Elternteile, die sich vor der Trennung infolge der Berufstätigkeit kaum alleine mit den Kindern beschäftigt haben, stellt der Beziehungsaufbau in der Zweierbeziehung mit dem Kind oft eine besondere Herausforderung dar. Die Kinder möchten, dass der andere Elternteil da ist; sie müssen sich zuerst an das „neue Setting" gewöhnen.

Schauen wir uns an, wie Sie Ihre Beziehung zu Ihren Kindern aufbauen und intensivieren können:

3.1.1
Eltern-Kind-Zeit

Eine wirkungsvolle Möglichkeit stellen wöchentlich eingeplante Zeitinseln dar, während derer Sie sich ausschließlich auf das Kind bzw. die Kinder konzentrieren und sich in einer nicht leistungsbetonten, sondern lustvollen Art mit ihnen beschäftigen. Setzen Sie sich mit Ihren Kindern zusammen, und lassen Sie die Kinder auswählen, was Sie gemeinsam tun. Die einzigen Regeln, die Sie bestimmen, sind: kein Streit und keine Neckereien. Indem sie selber entscheiden, tragen die Kinder auch die Verantwortung dafür, wenn die gewählte Aktivität dann nicht ihren Erwartungen entspricht. Planen Sie früh genug, und lassen Sie es nicht zu, dass die Entscheidung über die gemeinsame Aktivität unter Zeitdruck entsteht. Hin und wieder werden Sie die Situation retten müssen, zum Beispiel wenn die Kinder eine ungünstige Entscheidung getroffen haben. Natürlich müssen Sie das Veto einreichen, wenn das geplante Unternehmen zu teuer oder zu zeitraubend ist. Wenn mehrere Vorschläge vorliegen, lassen Sie am besten *ein* Kind entscheiden, mit dem Versprechen, dass beim nächsten Mal ein anderes das Zünglein an der Waage sein darf. Vermeiden Sie Abstimmungen, bei denen ein Kind immer überstimmt wird. Das Ritual der Eltern-Kind-Zeit ist den Kindern neu, und so kann es vorkommen, dass sie anfangs keine oder zu wenig durchführbare Ideen äußern. Dann müssen Sie den Kindern Vorschläge machen. Hier finden Sie ein paar Ideen:

Vorschläge für Eltern-Kind-Zeit
- Besuch des Tierparks
- Monopoly spielen
- kleine Fahrradtour
- draußen picknicken
- zusammen Pizza machen
- zusammen alte Fotos anschauen
- zusammen etwas im Haus verändern
- zusammen in den Wald gehen

Wenn der Altersunterschied zwischen den Kindern groß ist, hat es sich bewährt, gemeinsam irgendwo hinzugehen, wo jedes Kind das tun kann, was es mag. Versuchen Sie trotzdem, die Familie zu einer gemeinsamen Aktivität zu bewegen, zum Beispiel indem Sie miteinander im Wald spielen oder an geschützten Stellen gemeinsam ein Lagerfeuer machen.

3.1.2
Positives Verhalten erkennen

Ihr Sohn hat während Ihrer Abwesenheit unerlaubterweise den Fernseher eingeschaltet und darüber vergessen, Wasser für die Spaghetti aufzusetzen. Sie sind so verärgert, dass Sie nicht merken, dass Ihr Sohn aber das Zimmer aufgeräumt hat, und Sie mögen Ihrem Sohn gar nicht zuhören, als er Sie darauf hinweist. Daraufhin zieht sich Ihr Sohn zurück und hilft weder beim Tischdecken noch beim Abräumen, was Sie erneut in Rage bringt. Der Sohn zieht sich noch mehr zurück. Sie finden die ganze Woche nicht mehr richtig zusammen.

Merke

Wenn Sie in Ihrer Erschöpfung dieses unerwünschte Verhalten nur oberflächlich bekämpfen, droht das Risiko, dass es sich verselbständigt und sich zu einer Negativspirale entwickelt, zu einem Teufelskreis. Eine nachhaltige Verhaltensänderung bewirken Sie dadurch, dass Sie positives Verhalten des Kindes bekräftigen und negatives Verhalten ignorieren.

Schenken Sie Ihrem Kind positive Anerkennung, wenn es sich erwartungsgemäß verhält, obwohl dies für Sie vielleicht selbstverständlich ist. Bevor Sie dies in die Tat umsetzen, ist es hilfreich, wenn Sie sich eine Vorstellung davon machen, wie sich Ihr Kind verhalten müsste, um in Ihren Augen „gut“ zu sein. Wenn Sie sich dessen bewusst sind, gelingt es Ihnen viel besser, diese Verhaltensweisen, Ideen und Eigenarten bei Ihrem Kind dann auch sofort zu erkennen, wenn sie in Erscheinung treten.

Reagieren Sie auf positives Verhalten vor allem körperlich: Umarmen Sie das Kind, streicheln Sie ihm über den Kopf, drücken Sie es liebevoll an den Schultern, geben Sie ihm einen Kuss oder schenken Sie ihm ein aufmunterndes Lächeln. Reagieren Sie auch verbal. Belohnen Sie erwünschtes Verhalten, indem Sie sagen:

- *Ich mag es, wenn du …*
- *Potztausend, du scheinst ja richtig groß geworden zu sein!*
- *Danke für …*
- *Das war richtig schön (oder wunderbar oder super), als du …*
- *Das hast du richtig gut (toll, schön) gemacht!*
- *Ich bin richtig beeindruckt davon, wie du …*

Merke

Regeln bei der Identifikation von positivem Verhalten

Reagieren Sie spezifisch. Loben Sie die Verhaltensweise, die Idee oder die Charaktereigenschaft des Kindes – nicht das Kind. Eher: „Ich freue mich darüber, dass du dein Zimmer aufgeräumt hast“, als: „Ich danke dir, dass du so gut bist.“

Reagieren Sie sofort. „Ertappen" Sie das Kind „auf frischer Tat", wenn es sich erwünscht verhält. Je unmittelbarer das Lob, desto wirksamer ist es. Die guten Gefühle, die Sie dem Kind durch Ihre positive Reaktion verschaffen, wird es dann eher mit dem vorangegangenen Geschehen verknüpfen und in der Zukunft wiederholen wollen.

Reagieren Sie authentisch. Äußern Sie keine zweifelhaften oder unredlichen Anerkennungen wie zum Beispiel: „Das war langsam an der Zeit, dass du dein Zimmer aufräumst" oder: „Das hast du gut gemacht, aber ...". Damit geben Sie dem Kind zwar ein Lob, nehmen es ihm aber gleich wieder weg. Loben Sie spontan und vorbehaltlos.

3.1.3 Aktiv und effektiv zuhören

Ihre Tochter kommt von der Schule nach Hause, knallt ihre Schulsachen in eine Ecke und beklagt sich noch in der Tür über ihre neue Pultnachbarin, die ihr auf dem Schulweg mit dem Fahrrad davongefahren ist. Sie jammert, dass dies alles nicht so wäre, wenn sie endlich auch ein Fahrrad hätte. Und wenn sie nicht in dieses blöde Kaff gezogen wären, bräuchte sie auch kein Fahrrad, und überhaupt finde sie es total unfair, dass sie den Papa erst am Wochenende wiedersieht.

Verbale Ausbrüche wie diese stellen für Eltern eine große Herausforderung dar. Unverhofft und heftig brechen sie über Sie herein. Atmen Sie tief durch und denken Sie daran, dass Sie die Beziehung zu Ihrem Kind besonders dann pflegen, wenn Sie ihm aufmerksam zuhören. Damit vermitteln Sie dem Kind: Ich bin für dich da. Es ist mir wichtig zu hören, was dich beschäftigt. Wenn Sie aufmerksam zuhören, teilt das Kind Ihnen häufiger mit, was es beschäftigt. Sie helfen damit dem Kind, Informationen über sich selbst zu gewinnen und dadurch selber zu möglichen Problemlösungen zu gelangen. Diese Erfahrung führt dazu, dass Ihr Kind die eigene Wirksamkeit und Kontrolle verstärkt wahrnimmt. Indem Sie Interesse an den Themen des Kindes signalisieren, fühlt es sich wahrgenommen und wertgeschätzt. Sein Selbstbewusstsein und Selbstvertrauen wird gestärkt. Schon allein dadurch gewinnt es die Sicherheit, dass es mit der veränderten Situation zurechtkommen kann.

Aktives und aufmerksames Zuhören ist keineswegs trivial. Es verlangt eine Haltung und ein Bewusstsein davon, wie wir uns verhalten müssen, um das Gegenüber spüren zu lassen, dass wir ihm zuhören.

Tabelle 2: Anleitung für aufmerksames Zuhören

Offene Ohren 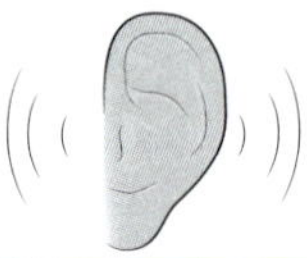	Spitzen Sie die Ohren, wenn das Kind mit Ihnen spricht, und zeigen Sie ihm, dass Sie ganz Ohr sind. Sorgen Sie für eine ruhige Umgebung, indem Sie zum Beispiel das laufende Radio ausschalten.
Begleitende Interjektionen 	Interjektionen sind unveränderliche Sprachlaute wie zum Beispiel mmh, ach, oje, wow. Diese Laute haben keine richtige Bedeutung. Der Sprecher drückt damit jedoch eine Empfindung, Willens- oder Bewertungshaltung aus. Damit signalisieren Sie dem Kind Ihre Aufmerksamkeit, ohne seine Aussage zu kommentieren.
Zugewandte Körperhaltung 	Vermitteln Sie dem Kind auch mit Ihrer Körperhaltung, dass Sie ihm zuhören. Nehmen Sie Blickkontakt auf oder setzen Sie sich zum Kind.
Offene Fragen 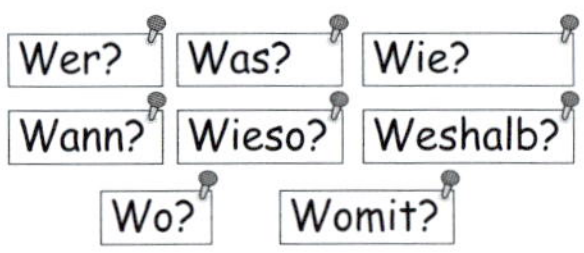	Sie signalisieren Interesse am Bericht des Kindes, wenn Sie Fragen stellen. Achten Sie darauf, dass Sie offene Fragen stellen. Das sind Fragen, die mit einem W beginnen: *„Was geschah weiter?“ „Wie hast du dich gefühlt?“ „Wer war noch dabei?“ „Woher kennst du Laura?“*
Zuhören verschieben 	Es wird Momente geben, in denen es Ihnen nicht möglich ist, die nötige Aufmerksamkeit und Haltung effektiven Zuhörens aufzubringen, weil Sie gerade mit etwas anderem beschäftigt sind und die Zeit nicht haben. Dann verschieben Sie das Zuhören. Sagen Sie Ihrem Kind, dass Sie ihm gerne zuhören, dies aber auf einen späteren Zeitpunkt verschieben möchten. Zum Beispiel: *„Ich muss unbedingt noch diesen Brief schreiben und abschicken. Ich möchte nicht abgelenkt sein, wenn wir über deine Sorgen sprechen. Lass uns nach dem Mittagessen darüber reden.“*

Oft erfüllen Sie die Bedürfnisse des Kindes allein dadurch, dass Sie gut zuhören. Das Kind konnte seine Anliegen bei Ihnen abladen, Ihnen berichten, was es erlebt hat, und braucht gar keine verbale Antwort oder Reaktion mehr.

Aber insbesondere wenn das Kind Sorgen ausdrückt oder traurig ist, reicht gutes Zuhören nicht aus. Je ernsthafter das Kind seine Not darstellt, desto schwieriger wird es für Sie sein, diese Not auszuhalten. Es besteht die Gefahr, dass Sie versuchen, dem Kind die Sorge auszureden. Vielleicht weisen Sie Ihr Kind auf die Kehrseite der Medaille hin oder drücken ihm rasch ein „Trostpflaster" auf. Dabei verpassen Sie aber die Gelegenheit, dem Kind zu einer eigenen Antwort auf seine Sorgen und Not zu verhelfen.

Als lebendige Klagemauer hingegen führen Sie das Gespräch so, dass das Kind am Ende des Gesprächs zu der Erkenntnis gelangt, dass seine Not keine Katastrophe darstellt oder dass es diese Traurigkeit aushalten kann.

Wenn es Ihnen gelungen ist, dem Redeschwall des Kindes aufmerksam zuzuhören, folgen der zweite und dritte Schritt.

Aussage zusammenfassen. Zuerst fassen Sie die Aussage des Kindes sinngemäß zusammen, zum Beispiel: *„Willst du damit sagen, dass du baldmöglichst ein Fahrrad brauchst?"* Wenn Sie nicht genau zusammenfassen, wird Ihr Kind Sie mit Sicherheit korrigieren bzw. Ihnen helfen zu verstehen.

Fragen Sie nach:

- *Lass sehen, ob ich das richtig verstanden habe ...*
- *Meinst du, dass ...*
- *Das hört sich an, wie wenn ...*
- *Es scheint, dass ...*
- *Spüre ich das richtig, dass ...*
- *Sehe ich das richtig, dass ...*
- *Könnte es sein, dass ...*

Gefühle benennen. Indem Sie die Gefühle des Kindes reflektieren, helfen Sie diesem, seine eigenen Gefühle zu erkennen und wahrzunehmen. Dadurch vermitteln Sie dem Kind außerdem, dass Sie sich nicht nur für den sachlichen Inhalt seiner Botschaften interessieren, sondern auch für seine Empfindungen und Gefühlsstimmungen. Und schließlich können Sie sich dabei prüfen, ob Sie Ihr Kind auch wirklich verstanden haben. Zunächst identifizieren Sie das Gefühl, welches das Kind mit der Botschaft ausdrückt. Gebrauchen Sie dazu Ihre Erfahrung und Ihr Bauchgefühl. Versuchen Sie, sich in die Lage des Kindes zu versetzen, und fragen Sie sich, wie Sie sich fühlen würden. Drücken Sie dem

Kind kein Gefühl auf, das es vielleicht gar nicht hat, sondern benennen Sie fragend das Gefühl, das Sie hinter der Aussage vermuten. Zum Beispiel: *„Vermisst du Papa ganz arg?“* *„Was macht dich am meisten traurig?“* Versuchen Sie, den Grad der Gefühlsreflexion der Aussage des Kindes anzupassen. Wenn das Kind eine eher sachliche Aussage macht, ist es nicht angemessen, ein Gefühl auszudrücken und anzusprechen.

3.2 Wie Sie die Kinder aus der Kampfzone heraushalten

Vermutlich haben Sie sich vom anderen Elternteil getrennt, weil Sie nicht mehr die gleiche Sprache sprechen und nicht mehr die gleichen Werte hochhalten. Da Sie sich nur auf der Paar-Ebene getrennt haben und die nach wie vor bestehende Eltern-Ebene Sie zu einer minimalen Kommunikation zwingt, wird Ihnen ein gewisses Maß an Auseinandersetzungen mit dem anderen Elternteil nicht erspart bleiben, insbesondere wenn es um kindbezogene Belange geht. In diesen Momenten wird Ihre Fähigkeit zur Zusammenarbeit besonders auf die Probe gestellt. Ihren Kindern aber können Sie das Leben erleichtern.

Wie Sie Ihre Kinder vor dem Elternkonflikt schützen können:

- Streiten Sie nicht in Gegenwart der Kinder. Ziehen Sie die Kinder nicht in Ihre Konflikte hinein.
- Suchen Sie nicht nach Verbündeten in Ihrem Umfeld. Ihr Streit geht nur Sie beide etwas an.
- Überlegen Sie sich vor jedem Treffen mit dem anderen Elternteil ganz genau, worüber und wie lange Sie sprechen wollen.
- Treffen Sie sich an einem neutralen Ort, zum Beispiel in einem ruhigen Restaurant oder bei Freunden, mit denen Sie sich beide gut verstehen.
- Teilen Sie dem anderen Elternteil Ihre Vorstellungen vom Ablauf des Gesprächs im Voraus mit.
- Behalten Sie während des Gesprächs den Konflikt unter Kontrolle, indem Sie heikle Diskussionspunkte meiden.
- Lassen Sie sich nicht auf „alte Streitereien" ein, bleiben Sie freundlich, ruhig und vor allem sachlich.
- Überlegen Sie sich, welche Kompromisse Sie eingehen können, und versuchen Sie, in der Zusammenarbeit mit dem anderen Elternteil so flexibel wie möglich zu sein.
- Hören Sie Ihrem Gegenüber zu, und fragen Sie nach, wenn Sie etwas nicht genau verstehen.
- Abgesehen vom Austausch von Kurzinformationen sollten Sie missverständnisanfällige Kommunikationskanäle wie zum Beispiel SMS meiden.
- Halten Sie den Kontakt mit dem anderen Elternteil auch dann aufrecht, wenn dieser mit Kontaktabbruch droht.
- Nageln Sie den anderen Elternteil nicht auf seine Meinung fest, sondern geben Sie ihm die Möglichkeit, seine Meinung mit der Zeit zu ändern.
- Geben Sie auch nach Misserfolgen nicht voreilig auf.

Vielen Familien und getrennten Paaren gelingt es manchmal auch mit der Hilfe von Drittpersonen, Streit und Auseinandersetzungen auf ein erträgliches Maß herunterzukurbeln. Trotzdem lassen sich in den meisten Trennungsfamilien Konflikte zwischen den Eltern selten ganz vermeiden. Kinder erleben diese Elternkonflikte als sehr bedrohlich, beängstigend und belastend. Deshalb ist es für Kinder entlastend zu erfahren, dass es nach den Streitigkeiten zwischen den Eltern auch wieder ruhige und entspannte Momente gibt. Dass es Bereiche gibt, in denen die Eltern gut zusammen funktionieren, und dass die Kinder sich darauf verlassen können, ist besonders wichtig. Kinder erleben diese Momente wie kleine „Inseln" der Sicherheit.

Beispiele für Inseln der Sicherheit

- Zuverlässigkeit der Eltern in Bezug auf pünktliche Übergabezeiten und strikte Einhaltung der vereinbarten Modalitäten ermöglichen dem Kind Vorhersehbarkeit und Kontrolle.
- Können sich die Eltern auf ein gemeinsames Geburtstagsgeschenk einigen, erfährt das Kind in einem Mikrobereich die Einigkeit seiner Eltern.
- Kinder fühlen sich sicher, wenn beide Eltern sie zum Kinderarzt begleiten oder gemeinsam zu Elterngesprächen in der Schule gehen.
- Die Botschaft, dass sich die feindlich gesinnten Eltern in einer Elternmediation mit einem Mediator treffen, ist für Kinder oft wie Weihnachten und Ostern zugleich: Hurra, sie reden wieder miteinander!

3.2.1 Kommunikationsregeln

Nach dem Ende Ihrer Partnerschaft stellt sich Ihnen wahrscheinlich die Frage, wie Sie die Eltern-Ebene hochhalten. Die Art und Weise, wie Sie sich trotz schwelender Konflikte, Ressentiments und Ärger mit dem anderen Elternteil austauschen, trägt wesentlich zum Wohlergehen Ihrer Kinder bei.

Bei einigen Trennungspaaren ist nur *ein* Elternteil bereit und fähig, im Interesse der Kinder die Kommunikation mit dem anderen Elternteil nicht abreißen zu lassen, während der andere Elternteil jeden Kontakt und jegliche Kommunikation ablehnt. Bei anderen Trennungspaaren arbeiten beide auf einen totalen Kontaktabbruch hin, was mit Sicherheit nicht im Interesse des Kindeswohls ist. Eltern schaffen den Konflikt nicht aus dem Weg, indem sie einander ignorieren oder sich nicht mehr austauschen. So wird der Konflikt nur verlagert, und zwar auf den Rücken des Kindes, wenn es zum Pendler zwischen den feindlich gesinnten und sich fremd gewordenen Welten wird. Darüber hinaus droht die Gefahr, dass sich der Elternteil ohne Obhut – meist der Vater – nicht nur von der Mutter, sondern auch vom Kind zurückzieht, wenn die Kommunikation zwischen den Eltern völlig abgerissen ist.

In anderen Familien bemühen sich die Eltern zwar um Verständigung, verstricken sich aber sofort wieder in gegenseitige Anschuldigungen und Vorwürfe. Alte Konfliktthemen werden wieder aufgerollt, und die Diskussionen führen zu keinem vernünftigen Ende. Selten geht es dabei wirklich um die schmutzigen Jeans des Kindes nach dem gemeinsamen Wochenende mit dem Vater oder um die neue Haartracht des Teenagers. Der eigentliche Grund dieser Konflikte ist oft die Unfähigkeit der betroffenen Eltern, mit der Tatsache der Trennung fertig zu werden, oder die Angst – vor allem des Elternteils ohne Obhut –, das Kind zu verlieren.

Bemühen Sie sich im Interesse Ihrer Kinder um einen sachlichen Dialog. Wenn dies im direkten Kontakt oder am Telefon nicht möglich ist, schafft die vorübergehende Kommunikation über E-Mail etwas Distanz und ist obendrein eine vorzügliche Möglichkeit, sich im sachlichen Dialog zu üben.

Der Austausch über E-Mail eignet sich bei Informationen, Bitten, Terminvereinbarungen. Vermeiden Sie dabei Du-Botschaften und Belehrungen wie „Schon wieder hast du nicht“, „Schon mehrmals habe ich dir gesagt“, „Wie du wissen müsstest“ et cetera. In solchen Aussagen schwingt ein vorwurfsvoller oder belehrender Unterton mit, was beim Gegenüber eine Abwehrhaltung bewirkt. Bemühen Sie sich auch im schriftlichen Verkehr um eine respektvolle Darstellung mit Anrede und einem Gruß.

Guten Tag, Iris! *Ich habe vor, am Samstag mit den Kindern ins Schwimmbad zu gehen und abends ein Open-Air-Konzert auf dem Marktplatz zu besuchen. Könntest Du veranlassen, dass die Kinder die Badekleider mitnehmen und warme Kleidung für das Konzert am Abend? Es könnte kühl werden.* *Ich hole die Kinder am Freitagabend um 18.00 Uhr ab. Könntest Du sie um diese Zeit hinunterschicken? Ich danke Dir.* *Liebe Grüße* *Markus*	*Gib bitte den Kindern am Freitag die Badekleider und Badetücher mit und anständige Kleider für einen Konzertbesuch. Ich hoffe, dass das diesmal klappt. Ich möchte nämlich nicht wieder notfallmäßig für die Kinder Kleider kaufen.* *Ich wäre froh, wenn du die Kinder am Freitagabend einmal pünktlich losschicken könntest.*

Sie mögen entgegnen, dass dies eine falsche Freundlichkeit ist. Das mag stimmen, aber wir Menschen lassen uns von Oberflächlichkeiten und scheinbar sinnentleerten Ritualen ebenso beeinflussen wie von tiefsten Freundschaftsbezeugungen. So nutzt zum Beispiel die Verhaltenstherapie die menschliche

Erfahrung, dass sich unsere Gefühle verändern, wenn wir uns konsequent in die entsprechende Richtung verhalten, und zwar auch dann, wenn uns nicht danach zumute ist.

Hand aufs Herz: Macht es für Sie einen Unterschied, ob die Kassiererin im Warenhaus Sie freundlich begrüßt, Ihnen in dabei in die Augen schaut und Sie mit guten Wünschen für den Tag verabschiedet – oder aber Sie gar nicht wahrnimmt? Mit anderen Worten: Wenn Sie sich mit dem verhassten Elternteil über eine gewisse Zeit respektvoll und sachlich austauschen, vermag allein dies Ihre Gefühle mit der Zeit positiv zu beeinflussen.

3.2.2 Wer lügt hier: der Elternteil oder das Kind?

Fallbeispiel

Jonas wird hauptsächlich von seiner Mutter betreut und hat regelmäßigen Kontakt zum Vater. Die Eltern sind tief zerstritten und machen sich gegenseitig schlecht. In einer Mediationssitzung erzählt die Mutter, dass sich Jonas nach dem letzten Vater-Kontakt beklagt hat, es wäre beim Vater total langweilig gewesen. Der Vater habe die Eisenbahn aufgebaut, und man habe den ganzen Tag nur damit gespielt, obwohl er kein kleines Kind mehr sei und lieber etwas anderes gemacht hätte. Der Vater traut seinen Ohren nicht und berichtet, dass er Jonas vorgeschlagen hat, ins Kino oder zum Schwimmen zu gehen. Jonas habe berichtet, dass er so gerne wieder einmal die Eisenbahn aufbauen und nur spielen möchte. Die Mutter spiele nie mit ihm.

Dieses Beispiel macht deutlich, dass Kinder von hochstrittigen Eltern dazu neigen, die Eltern zufriedenzustellen und ihnen zu gefallen, indem sie dem jeweiligen Elternteil das erzählen, was er hören will. Solche Kinder bieten sich im Elternkonflikt womöglich als Verbündete des jeweiligen Elternteils an. Eine der Gefahren besteht dabei darin, dass die Kinder nicht nur die Eltern, sondern auch sich selber verraten. Sie lernen nicht, sich selber zu spüren, oder sie entwickeln Schuldgefühle, die sie dann wieder abwehren müssen. Die andere Gefahr besteht darin, dass die Kinder ein opportunistisch-manipulatives Verhalten entwickeln, das sie beibehalten.

Sie als Eltern haben großen Einfluss darauf, ob das Kind ein solches Verhalten zeigt oder nicht. Geben Sie Ihrem Kind nie das Gefühl, dass es sich mit Ihnen gegen den anderen Elternteil verbünden muss. Machen Sie sich bewusst, dass allein Ihr Bedürfnis und Wunsch nach Unterstützung vom Kind

Sie zu subtilen Verhaltensweisen veranlasst und zum Beispiel die Art und Weise färbt, wie Sie die Kinder über den Kontakt mit dem anderen Elternteil ausfragen.

3.2.3
Zum Ausfragen von Kindern

Viele Fragen, die Sie Ihrem Kind über den anderen Elternteil stellen, sind für Ihre Kinder schwer zu ertragen. Die Kampfzone ist vielleicht nicht offensichtlich; aber wenn Sie in Gegenwart des Kindes schlecht über den anderen Elternteil reden, findet sich das Kind in einem Minenfeld. Es weiß ja, dass Sie diese Fragen nicht aus einem einfühlsamen Interesse heraus stellen. Beispielsweise bringen Sie selber folgende Fragen nicht unbedingt mit einer Belastung in Verbindung: „Hat dich dein Papa wieder bloß mit Junk Food gefüttert?" oder „Hat Mama schon wieder den ganzen Tag gearbeitet?" oder aber auch: „War die Freundin von Papa auch wieder anwesend?" oder „Um welche Zeit bist du zu Bett gegangen?"

Tatsächlich bringen Sie das Kind mit solchen Fragen in eine ausweglose Sackgasse. Antwortet es ehrlich, sind Sie nicht zufrieden mit der Antwort. Lügt es Ihnen zuliebe, hat es Schuldgefühle.

3.2.4 Zu den Botschaften und Fragen der Kinder

Fallbeispiel

Die Mutter von drei Knaben hat sich vom Vater der drei Kinder getrennt. Der Vater leidet unter dieser Trennung. Im Versuch, den Kindern zu erklären, dass die Mutter unrecht gehandelt hat, zitiert er die Bibelstelle mit den zehn Geboten, wo steht, dass man die Ehe nicht brechen soll. Die Kinder konfrontieren die Mutter mit dieser „Sünde".

Sie können nicht verhindern, dass der andere Elternteil den hier beschriebenen Kommunikationsregeln zuwider handelt. Daher müssen Sie damit rechnen, dass Ihre Kinder Botschaften des anderen Elternteils überbringen oder Ihnen unangenehme Fragen stellen. Obwohl Sie am liebsten schreien möchten, lohnt es sich, gut durchzuatmen und ruhig zu bleiben. Verhindern Sie reflexartige Antworten oder Rechtfertigungsversuche.

Schaffen Sie sich Zeit für eine Antwort, indem Sie Fragen stellen. Im besten Fall bewirken Sie damit, dass das Kind nicht mehr auf eine Antwort besteht, weil es sie sich selber geben kann. Zum Beispiel könnten Sie fragen: *„Aha, seit wann liest denn der Vater die Bibel? Weißt du denn, was sonst noch so in der Bibel steht? Weißt du denn, was eine Sünde ist?"*

Fallbeispiel

Die Kinder erzählen der Mutter, dass der Vater dafür kämpfen wird, sie auch unter der Woche bei sich wohnen zu haben.

Fallbeispiel

Die Kinder klagen den Vater an, dass er für die Familie zu wenig bezahlt und dass sie deswegen keine Reitstunden mehr nehmen können.

In diesen Fällen bieten sich Fragen weniger an. Stattdessen sollten Sie Ihrem Kind signalisieren, dass es sich um Probleme und Streitpunkte handelt, welche die Eltern lösen müssen. Sagen Sie dem Kind, dass Sie sich in dieser Frage als Eltern noch nicht einig sind, dass es aber nicht die Aufgabe der Kinder ist herauszufinden, wer von beiden Elternteilen recht hat.

Sie mögen nun befürchten, dass Sie ins Hintertreffen geraten, wenn der andere Elternteil die Kinder mit vielen Informationen bedient und Sie sich im

Bemühen, sich nicht zu erklären, defensiv zurückhalten. Sie können aber darauf vertrauen, dass sich insbesondere jüngere Kinder entlastet fühlen, wenn sie von mindestens einem Elternteil die emotionale Erlaubnis erhalten, sich *nicht* mit den Themen der Eltern beschäftigen zu müssen. Wenn Sie dieses defensive Reaktionsverhalten konsequent durchziehen, wird Ihr Kind früher oder später erkennen, dass diese Informationen belasten. Im besten Fall wird es fähig werden, den belastenden Elternteil zu bitten, dass er oder sie die Überbringung solcher Botschaften einstellt.

3.2.5 Zu Ihrem Bedürfnis, den Kindern die Wahrheit zu sagen

Einige Eltern glauben fest daran, für ihre Kinder wäre es wichtig, dass sie den anderen Elternteil so sehen, wie er wirklich ist. Es entspricht aber nicht der Entwicklungsaufgabe des Trennungskindes, die „Wahrheit" zu erfahren. Diese Wahrheit nützt den Kindern überhaupt nichts, sondern schadet nur. Weil die Geschichte der Eltern angefangen hat, bevor die Kinder auf der Welt waren, sind die Kinder gar nicht in der Lage, die ganze Wahrheit zu verstehen. Die verschiedenen Versionen der Wahrheit verunsichern die Kinder und treiben sie noch tiefer in den Loyalitätskonflikt. Die Kinder werden die Wahrheit selber herausfinden, wenn sie entwicklungsmäßig so weit sind und psychisch dafür ausgerüstet. Je mehr Sie versuchen, Ihrem Kind Ihr negatives Bild vom anderen Elternteil zu vermitteln, desto wahrscheinlicher wird Ihr Kind dazu tendieren, diesen anderen Elternteil zu verteidigen. Dies würde Sie zusätzlich verärgern und dient mit Sicherheit nicht Ihrer Beziehung zum Kind.

Wenn Sie die Erfahrung machen, dass auch Ihre Verwandten und Freunde den anderen Elternteil verteufeln oder schlechtmachen, ist es wichtig, dass Sie sich nicht auf den Inhalt der Aussagen beziehen, sondern auf die Absicht dahinter: Verwandte und Freunde ziehen über den anderen Elternteil her, um Ihnen zu vermitteln: Wir stehen zu dir, du hast unsere Unterstützung. Geben

Sie diesen Menschen zu verstehen, dass Sie ihnen das glauben, ohne dass sie den anderen Elternteil schlechtmachen müssen, und dies schon gar nicht vor den Kindern. Manchmal sind Verwandte und Freunde hartnäckig, und Sie werden sie wiederholt darum bitten müssen, das Schlechtreden zu unterlassen, bis diese damit aufhören.

3.2.6 Zum Ärgermanagement

Die Forschung hat deutlich zeigen können, dass es für Kinder besonders belastend und schädlich ist, wenn sie zu Zeugen des elterlichen Streits werden. Wenn die Eltern unter vier Augen streiten und die Kinder aus dem Konflikt heraushalten, sind die Auswirklungen nicht ganz so schädlich.

Es ist natürlich und verständlich, dass Sie wütend auf den anderen Elternteil sind. Die Wut ist legitim. Der Trick dabei ist, zu wissen, wo und wann diese Wut ausgedrückt werden kann. Wenn zwischen Ihnen und dem anderen Elternteil in Gegenwart Ihrer Kinder Streit aufkommt, ist es wichtig, dass Sie alles tun, um Ihr Kind davor zu schützen. Ärgermanagement-Strategien werden Ihnen dabei helfen.

Ziel des Ärgermanagements ist nicht, den Ärger oder die Wut herunterzuschlucken, sondern Ärger und Wut zu steuern. Dies hilft, die Kinder aus dem Loyalitätskonflikt herauszuhalten, indem man schwierige Themen mit dem anderen Elternteil unter vier Augen bespricht.

Manchmal ist bei aufkommendem Streit das Verlassen des Raumes die beste Lösung. Manchmal ist es aber auch notwendig, die Konsequenzen eines aufkommenden Streites abzuschätzen. Wenn sich abzeichnet, dass der Streit negative Konsequenzen hat, ist die bewusste Entscheidung, den Ärger zurückzuhalten, die bessere Lösung.

Wenn wir zum Beispiel wütend auf unseren Vorgesetzten sind, machen wir unserem Ärger unter Umständen auch nicht Luft, weil das schädliche Konsequenzen für uns haben könnte. Wenn Sie nun dem Ärger über den anderen Elternteil in Gegenwart Ihrer Kinder Luft machen, hat dies schädliche Konsequenzen für Ihre Kinder. Und da Ihnen das nicht gleichgültig sein kann, tun Sie gut daran, auch in diesen Fällen Ihren Ärger nicht auszudrücken, sondern zu steuern. Wenn Sie sich also entschieden haben, Ihre innere Wut unter Kontrolle zu halten, wenden Sie die Strategie des Ärgermanagements an. Diese besteht aus Ich-Botschaften und Selbstgesprächen.

Ich-Botschaften

Eine Ich-Botschaft lässt das Gegenüber wissen, wie Sie sich in Bezug auf sein Verhalten fühlen, und bittet um ein anderes Verhalten. Eine Ich-Botschaft ist keine Anschuldigung und kein Heruntermachen. Mit einer Ich-Botschaft sagen Sie dem Gegenüber auch nicht, was es fühlen soll, im Gegenteil: Mit einer Ich-Botschaft teilen Sie unter anderem mit, was *Sie* fühlen. Weil Gefühle nicht diskutiert oder verhandelt werden können, geben Sie dem Empfänger keinen Anlass zur Diskussion darüber, wer recht hat. Der Empfänger muss sich nicht verteidigen, weil er nicht angegriffen wird. Eine Ich-Botschaft ist eine Alternative zu einer Du-Botschaft und besteht aus drei Teilen:

Tabelle 3: Du-Botschaft vs. Ich-Botschaft

Du-Botschaft	Ich-Botschaft
Du bist wirklich verantwortungslos. Nie hältst **du** dich an Abmachungen.	**Ich** bin stinksauer, dass du die Kinder gestern eine Stunde zu spät nach Hause gebracht hast. **Ich** würde es sehr schätzen, wenn du dich in Zukunft an die Abmachungen hältst oder zumindest anrufst, wenn etwas dazwischenkommt.
Du bist immer so laut. Kannst **du** dich nicht einmal zusammennehmen!	**Ich** bekomme immer schlechte Laune, wenn du laut wirst. Könnten **wir** die Sache nicht ruhig miteinander diskutieren?

Tabelle 4: Zusammensetzung einer Ich-Botschaft

1. Selbstoffenbarung:	Wie geht es mir?	Ich ärgere mich.
2. Kausalität:	In welchem Zusammenhang?	Wenn du zu spät kommst.
3. Veränderungswunsch:	Was möchte ich?	Ich würde es schätzen, wenn du die Verspätung ankündigst.

Kritiker monieren, dass eine allzu mechanische Anwendung von Ich-Botschaften auch die Gefahr mit sich bringt, dass sich der Sender als Kommunikationsprofi aus der Betroffenheit entfernt, dass Ich-Botschaften Gefühle von Unsicherheit kaschieren und Überlegenheit signalisieren. Das mag auf die Alltagskommunikation mit Ihnen wohlgesinnten Personen zutreffen. Aber in der Konfrontation mit einem Elternteil, der in Anwesenheit der Kinder poltert, schreit und Sie mit Vorwürfen bombardiert, ist es eben von zentraler Bedeutung, dass Sie – auch an die Adresse der Kinder! – Ihre Unsicherheit und Ihren Ärger kontrollieren und sich überlegen geben.

Innere Selbstgespräche

Stellen Sie sich eine Situation vor, in der jemand ganz bewusst ekelhaft ist. Wenn Sie sich nun sagen: „Das lasse ich mir nicht gefallen!", ist die Wahrscheinlichkeit sehr hoch, dass Sie noch wütender werden. Wenn Sie sich stattdessen sagen: „Diese Person macht sich damit ja selber lächerlich!", wird sich das Bedürfnis, die Wut auszudrücken, wahrscheinlich eher legen. Selbstgespräche können Sie in einer schwierigen Situation zu drei Zeitpunkten einsetzen:

1. Vorbereitungsphase

Wenn Sie eine Konfrontation erwarten, hilft es Ihnen, wenn Sie sich nicht überraschen lassen, sondern die Reaktionen Ihres Gegenübers bereits vorwegnehmen. Sie sagen sich zum Beispiel: Er oder sie wird vermutlich wieder einen Streit inszenieren, der mich wütend macht; aber ich weiß, wie ich damit umgehen muss. Ich habe das im Griff.

2. Konfrontationsphase

Fallbeispiel

„Wo geht eigentlich mein sauer verdientes Geld hin? Die Kinder brauchen neue Schuhe, und ich habe die Alimente für die Kinder bereits vor zwei Wochen bezahlt!"

„Bist du noch ganz bei dir, den Jungen alleine zum Judo gehen zu lassen? Du bist so was von verantwortungslos!"

Während der Konfrontation helfen Ihnen in Fällen wie diesen die Selbstgespräche zur Beruhigung. Atmen Sie gut durch und sagen Sie ...

... innerlich zu sich:	... an die Adresse des Gegenübers:
Ruhig bleiben. Ich will die Kinder unbedingt aus der Kampfzone heraushalten.	„Hör zu, ich bin gerne bereit, mit dir darüber zu sprechen. Aber nicht, wenn die Kinder zuhören. Soll ich dich heute Abend zu Hause oder morgen früh anrufen?“

Der andere Elternteil wird möglicherweise nicht darauf eingehen und das Volumen aufdrehen. Sie bleiben stur und sagen ...

... innerlich zu sich:	... an die Adresse des Gegenübers:
Einfach ruhig bleiben. Ich lasse es nicht zu, dass er oder sie meinen roten Knopf drückt. Ich tue mir keinen Gefallen, wenn ich mich jetzt darüber aufrege. Es lohnt sich ganz einfach nicht!	„Nun sag schon, wann kann ich dich anrufen, um dieses Thema in aller Ruhe mit dir zu diskutieren?“

3. Erholungsphase

Manchmal werden Sie das Hindernis mit Hilfe von Selbstgesprächen erfolgreich umschifft haben und können stolz auf sich sein. Sagen Sie sich: Wow, gut gemacht! Aber oft wird der Streit halt trotzdem ausarten, und Ihre Selbstgespräche werden wenig fruchten. Was Sie sich in den entsprechenden Situationen sagen können, wird Ihr Gefühl für diesen Tag bestimmen und entscheidend dafür sein, wie Sie künftig mit ähnlichen Situationen umgehen. Beruhigen Sie sich, und sagen Sie zu sich selbst: Ich habe getan, was ich konnte. Wenigstens habe ich die Kinder vor allzu belastenden Erfahrungen schützen und ihnen signalisieren können, dass ich weiß, sie mögen es nicht, wenn wir streiten.

Ärgermanagement-Strategien sind wirkungsvolle Werkzeuge, die verhindern, dass die Kinder in den Streit der Eltern hineingezogen werden. Diese Geschicklichkeiten helfen auch, den Ärger in der privaten Interaktion mit dem anderen Elternteil besser zu steuern und unter Kontrolle zu halten. Ein wirkungsvolles Ärgermanagement verlangt jedoch viel Selbstdisziplin, eine gute mentale Vorbereitung und den Willen, diese Strategie anzuwenden. Erst die Übung damit bewirkt, dass Ihnen diese Strategie vertraut und zu einem individuellen Ausdruck der persönlichen Ärgerreaktionen für Sie wird.

3.3 Wie Sie den Kontakt des Kindes zum anderen Elternteil gewährleisten

Wenn Sie sich für eine Betreuungsregelung entschieden haben, in welcher das Kind überwiegend bei einem Elternteil lebt, gilt es, dafür zu sorgen, dass das Kind hinreichenden Umgang mit dem anderen Elternteil hat. Das Kind hat ein Recht auf beide Eltern, und es gibt eine Reihe weiterer Gründe, warum ein ungestörter Kontakt zu beiden Eltern für das Kind wichtig ist.

Was der Kontakt des Kindes zu beiden Eltern bedeutet:

- Das Kind verarbeitet die Verlustängste und den Trennungsschmerz psychisch leichter.
- Eine konfliktfreie Beziehung zu beiden Eltern hilft dem Kind bei der Entwicklung seiner Ambivalenzfähigkeit.
- Liebe und Geborgenheit von beiden Eltern helfen dem Kind, eine gute Selbstkontrolle und ein gesundes Selbstwertgefühl zu entwickeln.
- Der Kontakt zum getrennt lebenden Elternteil ermöglicht dem Kind den Zugang zu einem wichtigen Teil seiner Herkunft und seiner Wurzeln.
- Der getrennt lebende Elternteil – in der Regel der Vater – bildet für Mädchen *und* Jungen eine wichtige Identifikationsfigur bei der Geschlechtsrollenentwicklung.
- Der Kontakt zum getrennt lebenden Elternteil ermöglicht es, die Alternative zu erhalten, zum Beispiel bei Todesfall des betreuenden Elternteils.
- Indem der Kontakt zum getrennt lebenden Elternteil aufrechterhalten bleibt, versteht das Kind die Einzigartigkeit von Elternbeziehungen und

lernt modellhaft, dass Beziehungen nicht einfach abgebrochen werden sollten, wenn Schwierigkeiten auftauchen.

- Einen Elternteil vom Kind fernzuhalten, stellt einen tiefen Eingriff in die Persönlichkeitsrechte des Kindes dar.

3.3.1 Für hauptsächlich betreuende Eltern: Umgang mit Kontakten des Kindes zum anderen Elternteil[2]

„Wie kann ein Mann, der nicht gut für mich ist, gut für meine Kinder sein?"

Hand aufs Herz: Haben Sie sich diese Frage schon einmal gestellt? Es liegt nahe, sich selber einzureden, dass diese Kontakte dem Kind nur schaden. Sie könnten sich sagen: Mein Kind ist immer so widerwärtig, wenn es vom Vater zurückkommt, oder: Er hat eine Freundin und kümmert sich gar nicht selber um das Kind. Oder auch: Er kann gar nicht auf die Kinder eingehen, sondern behandelt sie genauso, wie er mich behandelt hat.

Es ist keine Kunst, diese negativen Argumente heranzuziehen und ihre Bedeutung so stark zu überhöhen, dass die Kinder diese Haltung übernehmen und sich selber um eine der wichtigsten Beziehungen in ihrem Leben bringen, ohne sich dessen bewusst zu sein.

Sie selber sind mit dem Vater Ihres Kindes nicht verwandt und können sich von ihm trennen. Ihre Kinder aber sind mit dem Vater verwandt. Sie können und sollen sich nicht von ihm trennen. Es ist hinreichend belegt, dass der nicht mehr mit der Familie zusammenlebende Vater von den meisten Kindern nach wie vor als zur Familie gehörig erlebt wird und die Familie im kindlichen Bewusstsein auch nach der elterlichen Trennung fortbesteht.

Umgang mit Unzuverlässigkeit des Vaters

Eine Mutter berichtet: „Die Kinder leiden darunter, dass der Vater sie immer zu spät abholt und die Kontakte oft auch sehr kurzfristig absagt. Ich muss, wenn ich eine Abmachung nicht absagen kann, eine Betreuung organisieren.

---

2 Verdeutlicht wird diese Problematik am Beispiel einer betreuenden Mutter und eines getrennt lebenden Vaters, im Wissen darum, dass es sich beim betreuenden Elternteil auch um den Vater und beim getrennt lebenden Elternteil um die Mutter handeln kann. Die folgenden Ausführungen gelten sinngemäß.

Unter diesen Umständen kann ich die Kontakte nicht mehr unterstützen. Es ist für die Kinder besser, wenn sie den Vater gar nicht mehr sehen. Dann sind sie auch nicht mehr enttäuscht."

Solche Situationen sind in der Tat ärgerlich, und die Gedankengänge dieser Mutter sind nachvollziehbar. Aber mit dieser Haltung ist sie im Begriff, „das Kind mit dem Bade auszuschütten". Es gibt verschiedene Gründe, warum Väter die Kinder manchmal nicht abholen oder die Besuche in der letzten Minute absagen. Obwohl fehlendes Interesse an den Kindern nur selten handlungsbestimmend ist, fühlen sich die Kinder dadurch oft schuldig und sind verletzt. Sie als Mutter macht das sicherlich wütend. Ihr Bedürfnis, den Vater zu erziehen oder für sein Fehlverhalten zu bestrafen, indem Sie nicht mehr auf den Vater warten, sondern mit den Kindern weggehen und die nachfolgenden Besuche vereiteln, ist nachvollziehbar. Aber Sie bestrafen damit nicht nur den Vater, sondern auch Ihre Kinder.

Es ist ganz wichtig, Ihrem Kind zu sagen, dass es nicht sein Fehler ist, wenn der Vater die Besuche absagt oder nicht erscheint. Es ist auch wichtig, dem Kind zuzuhören und seine Gefühle wertzuschätzen. Statt sich aufzuregen und dem Kind zu sagen: „Das ist ja wieder mal typisch, dass er nicht kommt. Er hat es sicher wieder vergessen", ist es hilfreicher, wenn Sie sagen: *„Ich sehe, wie traurig du bist, dass Papa nicht gekommen ist. Wir wissen nicht, was mit Papa los ist, aber ganz sicher ist, dass es nichts mit dir zu tun hat. Du hast nichts Falsches gemacht und bist nicht schuld daran."*

Sie wünschen für Ihre Kinder, dass sie gute und zufriedenstellende Erfahrungen mit dem getrennt lebenden Vater machen. Aber Sie sind nicht verantwortlich für die Qualität der Vater-Kind-Beziehung. Es ist nicht Ihre Aufgabe, sicherzustellen, dass Ihre Kinder eine gute Beziehung zum Vater aufrechterhalten. Dafür ist allein er verantwortlich. In Ihrer Verantwortung liegt es, hinreichende Kontakte zu gewährleisten, damit Ihre Kinder eigene Erfahrungen mit dem Vater machen können. Im besten Fall tragen diese Kontakte längerfristig zu einer guten Beziehung bei. Im schlechtesten Fall bewirken die negativen Beziehungserfahrungen mit dem Vater, dass die Kinder im Erwachsenenalter feststellen, der Vater hat ihre Bedürfnisse nicht erkannt, und sich daher nicht mehr um den Vater kümmern.

Umgang mit ungünstigem Erziehungsverhalten des Vaters

Vielleicht klagen Sie, dass der Vater die Kinder mit materiellen Dingen kauft und verwöhnt, was dazu führt, dass die Kinder ein Forderungsverhalten entwickeln und Ihnen immer die Aufgabe zufällt, den Kindern dies und das vorzuenthalten. Vielleicht beklagen Sie genau das Gegenteil, nämlich dass der Vater mit den Kindern zu streng und zu knauserig umgeht und sich nicht kindgerecht mit ihnen beschäftigt oder sie häufig zu den Großeltern bringt.

Solche und ähnliche Bedenken sind manchmal tatsächlich angebracht. Aber in den meisten Fällen ist keine ernsthafte Kindeswohlgefährdung zu befürchten. Vielmehr reflektieren solche Bedenken den Stress von besorgten Müttern, der entsteht, wenn sie die Kontrolle über ihre Kinder verlieren.

Erfahrungsgemäß bedauern es nämlich die meisten Väter, dass sie nicht gleich viel Zeit wie die Mutter mit ihren Kindern verbringen und intensiver am Alltag der Kinder teilnehmen können. Wie die Mütter haben auch die Väter das Gefühl, in einem Wettstreit um die Gunst der Kinder zu stehen. Und sie sind davon überzeugt, dass die Mütter einen ungeheuren Vorsprung haben, den sie kaum wettmachen können. Sowohl Väter als auch Mütter haben Angst, dass das Kind den jeweils anderen Elternteil mehr lieben könnte. Oft wissen Väter einfach nicht, wie sie ihre Benachteiligung in Bezug auf die Kinder anders als auf materiellem Weg wettmachen könnten.

Wenn in Ihrem Fall der Wettstreit um die Gunst des Kindes ein Thema ist, besteht die Gefahr, dass das Kind diesen Wettstreit aufrechterhält oder sogar ankurbelt. Nicht selten erleben sich Kinder nämlich als machtvoll, wenn sie die beiden Eltern „ins Rennen" schicken und gegeneinander ausspielen können. Dass dies bei Ihnen der Fall ist, erkennen Sie an Aussagen Ihres Kindes wie: „Aber bei Papa darf ich immer ...", „Papa wird es mir schon kaufen, wenn du es nicht tust". Es hängt stark von Ihrer Reaktion auf solche Äußerungen ab, ob sich das Kind als Dompteur von zwei erwachsenen Eltern sieht oder nicht.

Dabei ist es gut zu wissen, dass Kinder gegenüber unterschiedlichen Erziehungspraktiken recht widerstandsfähig und flexibel sind und in der Regel hinreichend fähig zu lernen, welche Regeln wann und wo gelten, wo ein Verhalten angebracht ist und wo nicht. Die Erfahrung, dass es nicht einfach eine gewisse Anzahl von Regeln gibt, die überall gelten, sondern dass jede soziale Gruppe und jede Gesellschaft andere Regeln hat, wird in der Scheidungsliteratur sogar als eine positive Folge der elterlichen Trennung betrachtet.

Aus rechtlicher Sicht steht es Ihnen nicht zu, über das Betreuungsverhalten des Vaters zu bestimmen. Wenn Sie überzeugt sind, dass das Wohl des Kindes in der Obhut des Vaters gefährdet ist, müssen Sie dies mit einer Gefährdungsmeldung an die zuständige Behörde begründen. Wenn es sich dabei um ein ungünstiges Verhalten handelt, das die Kinder nach der Rückkehr beklagten, gibt es zwei Möglichkeiten, wie Sie damit umgehen können.

Erstens: Sie suchen das Gespräch mit dem Vater. Wichtig ist, dass Sie zunächst Informationen beim Vater einholen. Sie könnten zum Beispiel sagen: *„Du, Sarah ist ein bisschen gereizt zurückgekommen und hat unter Tränen berichtet, dass sie es mit dir nicht gut hatte. Ich möchte von dir wissen, was passiert ist, damit ich auf Sarahs Klagen richtig reagieren kann."*

Wenn der Vater berichtet, üben Sie sich am besten im aktiven Zuhören und wenden die besprochenen Techniken an. Berücksichtigen Sie auch die oben beschriebenen Kommunikationsregeln, und kommunizieren Sie gegebenenfalls mit Ich-Botschaften.

Wenn Sie von vornherein überzeugt sind, dass es nicht möglich ist, die Klagen des Kindes mit dem Vater zu diskutieren, weder mündlich noch schriftlich, bleibt Ihnen zweitens die wirkungsvolle Möglichkeit, das Kind beim Entwickeln von Bewältigungsstrategien anzuleiten und zu unterstützen. Besprechen Sie mit dem Kind, wie es in Zukunft mit solchen Problemen umgehen kann, ohne dass Sie dabei den Vater schlechtmachen. Aktives Zuhören ist auch hier die wirkungsvollste Strategie, bevor Sie dem Kind konkrete Ratschläge geben. Sie könnten sagen: *„Sarah, ich weiß, dass es für dich schwierig ist, wenn der Papa dies und das macht. Ich verstehe auch, dass du noch ein klein wenig Angst hast, ihm zu sagen, was dich bedrückt. Wenn du älter wirst, wird das einfacher. Du musst wissen, dass dich der Papa lieb hat, aber einfach nicht anders kann. Schau, versuch doch einmal ..."*

Umgang mit der neuen Partnerin des Vaters

Je nach Trennungsgrund wird es für Sie schwierig sein zu ertragen, dass der Vater eine neue Partnerin hat. Weil sie dies nicht ertragen und schon gar nicht verhindern können, tendieren einige Mütter dazu, wenigstens zu verhindern, dass die Kinder mit dieser neuen Partnerin in Kontakt kommen.

Ob sich die Kinder an die Tatsache einer neuen Partnerschaft ihres Vaters gewöhnen, hängt zu einem großen Teil von Ihnen ab. Wenn Sie den Kindern signalisieren, dass Sie damit nicht einverstanden sind, werden die Kinder unter Umständen große Mühe haben, sich auf diese Partnerin einzulassen. Weil sich aber die Kinder mit dem Vater und dessen Lebenswelt auseinandersetzen sollen und die neue Partnerin zum Leben des Vaters dazugehört, müssen sich Kinder über kurz oder lang auch mit dieser Partnerin arrangieren.

Versuchen Sie, über Ihren Schatten zu springen, und ermöglichen Sie Ihren Kindern die Beziehung zu anderen Personen im Umfeld des Vaters. Viele Mütter sind froh, wenn der Vater eine neue Partnerin hat, die sich mit den Kindern beschäftigt und zu der die Kinder eine gute Beziehung haben. Insbesondere wenn Sie dem Vater nicht zutrauen, dass er die Zeit mit den Kindern gewinnbringend und in deren Interesse gestalten kann, können Sie unter Umständen darauf vertrauen, dass die Kinder in der neuen Partnerin eine Ansprechperson haben, wenn es ihnen nicht gut geht.

Umgang mit Kontaktwiderständen des Kindes

Gelegentliche Widerstände in Bezug auf die Kontakte mit dem Vater sind normal und in der Regel nicht als Ausdruck schlechter Beziehungsqualität zu werten. Insbesondere jüngere Kinder leben noch ganz stark im Hier und Jetzt. Sie haben noch kein Zeitbewusstsein, und es macht für sie keinen Unterschied, ob der Papa fünf oder hundert Kilometer entfernt wohnt. Kleine Kinder werden nicht gerne aus ihrer momentanen Welt gerissen, wenn sie gerade in ihr Spiel vertieft sind oder Angst haben, in Abwesenheit von der Mutter etwas Wichtiges zu verpassen. Daher tun Sie gut daran, dem Kind die Sicherheit zu geben, dass es gar nichts verpasst, wenn es beim Vater ist.

Fallbeispiel

Eine Mutter berichtet, dass ihre 2 ½-jährige Tochter sich immer nachdrücklicher weigert, mit dem Vater mitzugehen, wenn dieser an seinen Wochenenden das Kind holt. Schon im Vorfeld, wenn sie das Wochenende mit dem Vater ankündige, drücke das Kind stark den Willen aus, nicht zum Vater gehen zu wollen. Sie als Mutter habe große Mühe damit, den Willen des Kindes zu brechen und dem Vater das schreiende Kind einfach mitzugeben.

Die erste Problematik in diesem Fall betrifft die Annahme, dass ein 2½jähriges Kind einen Willen hätte. Entwicklungspsychologisch betrachtet kann ein Kind unter 3 Jahren nämlich kaum hinreichend meinungs- oder willensfähig und schon gar nicht urteilsfähig sein. Erst im Alter von 3 bis 4 Jahren entwickelt das Kind die psychischen Voraussetzungen zur Willensbildung. Hierzu gehören unter anderem der Erwerb von Vorstellungen, die Fähigkeit, zwischen Realität und Vorstellung zu unterscheiden, die Fähigkeit zur Täuschung anderer, die Fähigkeit zum Bedürfnisaufschub, zu Selbstkontrolle und Verzicht, erste Vorstellungen von Zeitspannen, die Fähigkeit, Gegensätze zu benennen und mentale Wollens- und Könnens-Ausdrücke zu benutzen. Das heißt, entwicklungspsychologisch unauffällige Kinder haben erst im Alter von 3 bis 4 Jahren alle notwendigen sozialen und psychischen Kompetenzen erworben, um einen autonomen und stabilen Willen zu haben und bei hinreichender Sprachentwicklung auch formulieren zu können.

Fallbeispiel

Eine Mutter berichtet, dass ihre beiden Töchter, 7 und 9 Jahre alt, schlechte Erfahrungen mit dem Vater gemacht hätten und deshalb nicht mehr zu ihm gehen wollen. Man solle den Willen der Kinder endlich respektieren. Sie werde die Kinder jedenfalls nicht zu den Kontakten zwingen.

Leider ist unter Eltern die Annahme verbreitet, dass die Kinder selber entscheiden dürfen, ob sie den Kontakt zum getrennt lebenden Elternteil aufrechterhalten oder nicht. Dabei stellen sich diese Eltern auf den Standpunkt, dass der Wille des Kindes respektiert werden soll.

Hand aufs Herz: Wie gehen Sie vor, wenn Ihr Kind eines Tages nach einer heftigen Auseinandersetzung mit dem Lehrer nach Hause kommt und erklärt, dass es nun nicht mehr in die Schule gehen wird? Oder was tun Sie, wenn Ihr Kind eine dringende Behandlung beim Zahnarzt verweigert?

Egal wie alt Ihr Kind ist: Die Verantwortung für den Vater-Kontakt dürfen Sie niemals dem Kind überlassen. Das Kind ist mit einer so einschneidenden Entscheidung überfordert. Versuchen Sie, die Hindernisse zu beseitigen und nicht etwa die Kontakte selber. Weil Sie die Hauptbezugsperson Ihres Kindes sind, werden Sie zum Torhüter über die Beziehung Ihres Kindes zum Vater, weil Sie darüber entscheiden, ob das Tor zu ist und daher der Zugang des Kindes zum Vater versperrt oder aber offen und der Zugang frei.

Die Frage, wie lange Sie das widerwillige Kind zu regelmäßigen Kontakten mit dem Vater im Rahmen eines „Regelbesuchsrechts“ anhalten sollen, ist aus rechtlicher Sicht leichter zu beantworten als aus psychologischer Sicht:

Je nach Alter machen Kinder unterschiedliche Erfahrungen mit ihren Eltern und haben unterschiedliche Erwartungen an diese. Ein 10-jähriger Junge genießt es, mit dem Vater fischen zu gehen. Aber möglicherweise zieht es dieser Junge im Alter von 15 Jahren vor, zusammen mit seinen Freunden auf eine Fahrradtour zu gehen. Mit Sicherheit müssen die Vater-Kontakte mit fortschreitendem Alter angepasst werden. Möglicherweise verbringt das 15-jährige Mädchen nicht mehr ein ganzes Wochenende beim Vater, sondern zieht es vor, nur am Samstag mit dem Vater einkaufen oder mit ihm ins Kino und danach essen zu gehen.

Ein vollständiger Kontaktabbruch auch nach dem 14. Lebensjahr ist in jedem Fall zu vermeiden, auch wenn der Jugendliche den Vater vehement ablehnt. Dafür gibt es verschiedene Gründe:

Die Identitätsentwicklung erleichtern. – Jeder Mensch hat das Bedürfnis zu wissen, woher er kommt, damit er sich eine Identität geben und sich unter den bestmöglichen Bedingungen entwickeln kann. Der Wunsch, seine Wurzeln zu kennen, entwickelt sich im Allgemeinen während der Pubertät und im frühen Erwachsenenalter. Die Auseinandersetzung mit der Frage nach der Herkunft, Abstammung, Vererbung von körperlichen Merkmalen, Charaktereigenschaften, Neigungen, Schwächen ist essentiell für die Entwicklung einer gesunden Identität. Der Mensch will wissen, welche seiner Anteile von ihm selbst und daher beeinflussbar sind und wo er eine Mitgift zu tragen bekommen hat, der er mehr oder weniger machtlos ausgeliefert ist. Diese Prozesse verlangen eine minimale Kenntnis und Auseinandersetzung mit den leiblichen Eltern auch im Jugendalter. Dafür muss der Mensch auf der Schwelle zum Erwachsenwerden jedoch Zugang zu diesen Bezugspersonen haben. Dies ist gewährleistet, wenn der Kontakt nie vollständig abgebrochen ist. Wird diese Identifikation unmöglich gemacht, läuft das heranwachsende Kind Gefahr, sich in der Phantasie mit idealisierten oder dämonisierten Figuren zu identifizieren, was die Entwicklung eines positiven, widerspruchsfreien und stabilen Selbstbildes empfindlich beeinträchtigen kann.

Das innere Bild an der Realität messen. – Zumindest gelegentliche Begegnungen mit dem Vater ermöglichen dem Jugendlichen, seinen Elternteil realiter wahrzunehmen, ihn in seinem Gestus zu erleben und Informationen über ihn aus erster Hand zu erhalten. Diese Realitätskontrolle beugt der Verinnerlichung von irrealen Annahmen über den Elternteil vor und erlaubt dem zunehmend reflexionsfähigen Jugendlichen, sein in der Kindheit und im frühem Jugendalter erworbenes Bild von diesem Elternteil zu überprüfen. Entweder versteht der Jugendliche dadurch seine Ablehnung immer besser und gelangt zu einem schuld- und schamfreien Verhältnis seinem Elternteil gegenüber, oder er kann sein Bild von ihm entdämonisieren und auf die eigene Herkunft neugierig werden. Es versteht sich von selbst, dass diese Begegnungen nicht nur dem jugendlichen Kind eine Realitätskontrolle erlauben, sondern auch dem Elternteil.

Unbewusste Spaltungsprozesse verhindern. – Indem die Begegnungen mit dem Vater den Jugendlichen zur regelmäßigen Konfrontation mit seinen unangenehmen Gefühlen diesem Vater gegenüber zwingen, macht der Heranwachsende die Erfahrung, dass er diese Gefühle aushalten kann. Dadurch lässt sich verhindern, dass diese zutiefst unangenehmen Gefühle von Schuld und Scham aus dem Bewusstsein verbannt und abgespalten werden und sich in der Folge als ein schädliches Bewältigungsmuster des Jugendlichen festsetzen. Es besteht die Möglichkeit, dass der Jugendliche in der Auseinandersetzung mit diesen unangenehmen Gefühlen im Gegenteil lernt, damit umzugehen. Im besten Fall können sich diese Gefühle sogar auflösen.

Auch abgelehnte Eltern tendieren dazu, Gefühle der Ablehnung ungünstig zu verarbeiten und als Selbstschutz negative Gefühle dem Kind gegenüber abzuspalten. Wenn sich der Vater infolgedessen auf die Fahne schreibt, dass für ihn sein Kind gestorben ist, kann dies eine spätere Wiederaufnahme des Kontaktes für den Jugendlichen erheblich erschweren. Abgelehnte Eltern können auch in der Trauer um den „uneindeutigen" Verlust des Kindes steckenbleiben und darüber krank werden, was früher oder später dem Jugendlichen nicht verborgen bleibt und bei diesem die Abwehr der Schuld- und Schamgefühle zusätzlich zementiert. Im regelmäßigen direkten Kontakt kann sich der Elternteil der Realität seines Kindes vergewissern. Natürliche Bindungen werden aufrechterhalten und verhindern, dass der Elternteil seine Elternschaft abspaltet und daher später nichts mehr von seinem Kind wissen will, wenn dieses im späteren Altern doch noch die Nähe seines Elternteils suchen sollte.

Spätere Beziehungsaufnahme möglich lassen. – Nach einem Kontaktabbruch kann häufig nur noch ein Wunder bewirken, dass sich Kinder und Eltern nach überwundener Krise wieder begegnen und danach den Kontakt zueinander freiwillig wieder aufnehmen. Wenn regelmäßige, wenn auch unter Umständen nur oberflächliche Kurzkontakte auf einer Begegnungs-Plattform aufrechterhalten werden, bleibt zumindest die theoretische Chance intakt, die Beziehung wieder aufzunehmen.

Urteilsfähiges Handeln sicherstellen. – Einem Jugendlichen, der den Anspruch erhebt, in Bezug auf das Verhältnis seinen Eltern gegenüber urteilsfähig zu sein, darf man zutrauen, dass er den unverwechselbaren Charakter der Eltern-Kind-Beziehung im Unterschied zu anderen Beziehungen verstanden hat. Ein urteilsfähiger Jugendlicher kann die Tatsache akzeptieren, dass es zur menschlichen Entwicklung gehört, sich mit den eigenen Eltern auseinanderzusetzen, und zwar unabhängig davon, ob diese Auseinandersetzung in eine emotional tragfähige Kind-Eltern-Beziehung mündet oder nicht. Wenn ein 12- oder 13-jähriger Jugendlicher vehement zu überzeugen versucht, dass bei ihm dieser Prozess abgeschlossen ist und er sich mit dem Elternteil für den Rest des Lebens hinreichend auseinandergesetzt hat, mögen gewisse Zweifel an der entwicklungspsychologisch angenommenen Urteilsfähigkeit in Bezug auf die Natur von Elternbeziehungen angebracht sein.

„Was soll ich tun, wenn mein Kind beim Vater tatsächlich gefährdet ist?"

Einige Väter sind tatsächlich gefährlich, zum Beispiel wenn sie übergriffig sind, wenn sie an einer psychischen Krankheit leiden, die mit der Verkennung der Realität und mangelnder Selbstkontrolle einhergeht (z. B. psychotische Erkrankungen oder schwere Suchterkrankungen), oder an einer schweren Persönlichkeitsstörung, die sie unfähig macht, Schuld zu empfinden und empathisch zu sein (z. B. dissoziale bzw. psychopathische Störungen). Väter verletzen ihre Betreuungsfunktion auch dann grob, wenn sie Kleinkinder unbeaufsichtigt lassen oder alkoholisiert mit Kindern Auto fahren. Das letzte Beispiel ist für Mütter sehr verführerisch, wenn sie darin einen Grund sehen, dem zu Alkoholgenuss neigenden Vater die Kinder nicht anzuvertrauen. Häufig handelt es sich aber um Väter, die bereits vor der Trennung dem Alkohol zugesprochen haben, jedoch nie alkoholisiert mit den Kindern ins Auto gestiegen sind.

Falls Sie davon überzeugt sind, dass Ihr Kind in der Obhut des Vaters gefährdet ist und es nicht möglich ist, mit dem Vater das Gespräch zu suchen, müssen Sie in einer Gefährdungsmeldung an die zuständige Behörde die Art und potentielle Auswirkung der Gefahr für das Kind mitteilen.

3.3.2
Für getrennt lebende Eltern: Umgang mit Ängsten vor Kindesverlust[3]

Mit der Trennung bzw. Scheidung erhält Vaterschaft eine ganz neue Dimension. Vaterschaft kann nun nicht mehr am äußeren Rahmen festgemacht werden, sondern muss anderen Kriterien standhalten. Dies führt zu Verunsicherungen in der Beziehung zu den Kindern und zu Irritationen in der Rollenidentifikation. Erschwerend kommt für Väter hinzu, dass die Gesellschaft von einem Vater und Ernährer ein bestimmtes Männlichkeitsbild aufrechthält: Vom Ernährer als kompetentem „Lebensbewältiger" wird erwartet, dass er den Überblick hat und seine Probleme allein in den Griff bekommt. Väter fühlen sich gezwungen, stark zu sein und ihrer sozialen Umwelt gegenüber Verletzungen und Trauer nicht zu offenbaren. In vielen Berichten von getrennt lebenden Vätern stellen sich diese als „einsamen Wolf" dar, der sich kurz zurückzieht, um seine Wunden zu lecken, und dann mit erhobenem Haupt wieder seinen Platz einnimmt. Unterstützung und fachliche Hilfe wird häufig erst nach einer Vielzahl von schlaflosen Nächten gesucht. Weil bisher die Mutter der Kinder die sozialen Kontakte der Familie verwaltet hat, stehen Freunde und soziale Netzwerke oft nicht mehr zur Verfügung.

3 Auch in diesem Unterkapitel wird die Problematik am Beispiel eines getrennt lebenden Vaters geschildert, dessen Kinder in der Obhut der Mutter leben. Beim getrennt lebenden Elternteil kann es sich natürlich auch um die Mutter handeln. Die folgenden Ausführungen gelten sinngemäß.

Die Forschung hat hinreichend aufzeigen können, dass die Beziehungsqualität der Eltern nach der Trennung den entscheidenden Einfluss auf die Vater-Kind-Beziehung hat. Je entspannter die getrennten Väter die Beziehung mit den Müttern erleben und je befriedigender der gegenseitige Kontakt ist, desto positiver schätzen sie in Bezug auf Kommunikation, Aufmerksamkeit und emotionale Nähe auch ihre Beziehung zu den Kindern ein.

Wenn Sie also vor der Trennung eine tragfähige und vertrauensvolle Beziehung zu Ihren Kindern aufgebaut haben und die Mutter den Kontakt zwischen Ihnen und den Kindern unterstützt, ist es Ihnen durchaus möglich, eine positive Väterlichkeit zu erhalten und einen günstigen väterlichen Erziehungsstil zu entwickeln. Es ist gut belegt, dass der Kontakt getrennt lebender Väter zu ihren Kindern in vielen Fällen intensiver ist, was vermutlich an der kurzen, aber gut genutzten Umgangszeit liegt, in der die Beziehung gepflegt und gelebt wird. Hand aufs Herz: Wie oft waren Sie vor der Trennung 48 Stunden am Stück alleine mit Ihren Kindern?

Anhand empirischer Daten haben Wissenschaftler herausgearbeitet. wie sich bei Trennung bzw. Scheidung eine positive Vater-Kind-Beziehung aufrechterhalten lässt:

Umgang mit dem Verhalten der Kinder

Insbesondere wenn Sie als Vater infolge einer anspruchsvollen beruflichen Tätigkeit vor der Trennung wenig Zeit mit Ihren Kindern allein verbracht haben, sehen Sie sich nun mit einer Rolle konfrontiert, die Ihnen unvertraut ist. Sie sind unsicher, was Sie von den Kindern verlangen können. Vielleicht befürchten Sie, dass sich Ihre Kinder von Ihnen zurückziehen, wenn Sie zu streng sind oder die Wünsche der Kinder nicht rundum befriedigen. Diese Befürchtung ist normal. Indem Sie sich dieser Furcht oder Angst bewusst werden, gelingt es Ihnen, richtig zu reagieren, wenn Ihnen die Kinder beispielsweise sagen: „Wenn ich diese blöde Jacke anziehen muss, gehe ich zu Mama und komme nie mehr zu dir.“ Äußerungen wie diese lassen Ihnen das Blut in den Adern gefrieren, oder Sie kriegen einen Wut-Kloß im Hals, der Ihnen die Stimme nimmt. Auch das ist normal.

Zunächst wenden Sie die Zuhör-Techniken an: Schaffen Sie sich Zeit, indem Sie Fragen stellen wie zum Beispiel: *„Was ist denn für dich so schlimm, wenn du dies und das machen sollst? Wie könnten wir denn das Problem lösen, ohne die Mama einzubeziehen?“* Das Kind sagt dann vielleicht, dass es dies und das bei der Mama nicht machen muss. In diesem Fall bietet es sich an, Gefühle zu benennen und in Form einer Hypothese zu formulieren. Zum Beispiel: *„Ich kann mir vorstellen, dass es für dich schwierig ist, dich an neue Re-*

geln zu gewöhnen. Verwirrt dich das?“ Fragen Sie das Kind, wie es damit umgeht, dass auch in der Schule andere Regeln gelten als bei der Mama. Signalisieren Sie dem Kind, dass diese Veränderung schwierig ist, dass es aber auch ein Vorteil ist, sich in verschiedenen Welten bewegen zu können. Schließlich – und das ist ganz wichtig – müssen Sie das Gespräch auf die Beziehungs-Ebene bringen: Sagen Sie dem Kind, wie wichtig es Ihnen ist, dass Sie es zusammen gut haben. Dass Sie es aber nur dann zusammen gut haben, wenn *beiden* wohl dabei ist.

Umgang mit Widerständen bei jüngeren Kindern

Bei Kindern im Vorschulalter, die während der kurzen Zeit des Zusammenlebens mit beiden Eltern noch keinen großen Schatz an Beziehungserfahrungen mit ihrem Vater allein haben verinnerlichen können, kommt es vor, dass sie die Kontakte ganz verweigern, weil sie Begleiterscheinungen im Rahmen des Vater-Kontakts als unangenehm erleben. Zum Beispiel wehrt sich ein 4-jähriges Kind, mit dem Vater mitzugehen, weil es nicht gerne Auto fährt oder weil der Vater raucht oder weil der Vater es nicht erlaubt, dass es alle seine Plüschtiere mitnimmt. Grundsätzlich tun Sie gut daran, die Beziehungserfahrung des Kindes mit Ihnen höher zu bewerten als Ihre Gewohnheiten oder Ihre erzieherischen Prinzipien.

Wie Sie Ihre neue Partnerin einführen können

Für viele Väter ist es ein heikler Moment, die Kinder und die Mutter mit der Tatsache zu konfrontieren, dass sie eine neue Partnerin haben. Wie und wann sollten Sie diese neue Partnerin den Kindern vorstellen? Im günstigsten Fall sind die Kinder neugierig und möchten die Partnerin möglichst rasch kennenlernen. Im schlimmsten Fall lassen die Kinder Sie wissen, dass sie nicht mehr kommen, wenn die Partnerin auch da ist.

Viele Mütter beanstanden, dass der Vater die Kinder zu früh mit der Partnerin zusammengebracht hat. Wann diese Zusammenführung passieren soll, hängt vom Zeitpunkt der Trennung ab und vom Ausmaß der Erfahrung, welche die Kinder nach der Trennung bereits mit den beiden Lebenswelten gemacht haben. Befinden sich die Kinder im Übergang von der Dreierbeziehung zu den zwei Zweierbeziehungen mit ihren Eltern, ist es sicher nicht günstig, die Anpassungsleistungen der Kinder mit einer neuen Wohnung und einer neuen Partnerin obendrein überzustrapazieren.

Vergewissern Sie sich, dass Sie eine stabile Nachtrennungsbeziehung mit den Kindern etabliert haben, bevor Sie die Kinder zum unfreiwilligen Kontakt mit Ihrer Partnerin anhalten. Wenn es sich um den Aufbau einer ernsthaften Partnerschaft handelt, spielt es keine große Rolle, ob die Kinder nun einen oder zwei Monate später auf die Partnerin treffen.

Stellen Sie sicher, dass die Kinder beim ersten Kontakt nicht mit Ihrer Partnerin interagieren müssen, sondern diese auch nur „beschnuppern" können. Dazu ist ein gemeinsames Essen oder ein Film-Abend besser geeignet als ein Museumsbesuch.

Damit die Kinder Sicherheit gewinnen und darauf vertrauen können, dass sie nicht weniger geliebt werden, wird es insbesondere am Anfang nötig sein, genügend Zeit mit ihnen allein zu verbringen.

Bumerang-Effekt bei Jugendlichen

Fallbeispiel

Die Eltern eines 13-jährigen Mädchens haben sich bereits während der Schwangerschaft getrennt. Nach der Geburt übergab die Mutter dem Vater das Kind zunächst mindestens einmal in der Woche für ein bis zwei Stunden, später zweimal die Woche für kurze Zeit, und ab dem Kindergartenalter verbrachte das Kind regelmäßig einen Nachmittag in der Woche beim Vater, jedoch nie die Nacht und schon gar keine Ferien. Mit der Einführung des gemeinsamen Sorgerechts versprach sich der Vater mehr Kontakt mit dem Mädchen und stellte einen entsprechenden Antrag, was die Mutter als Einmischung empfand; sie setzte sich dagegen zur Wehr.

Im Rahmen der rechtlichen Auseinandersetzungen erlebte das Mädchen zum ersten Mal einen deutlichen Elternkonflikt. Es konfrontierte den Vater mit seinem Wunsch, ihn nunmehr spontan zu besuchen. Der Vater akzeptierte dies nicht und stellte Antrag auf Regelung des persönlichen Verkehrs bei der zuständigen Behörde. Ab diesem Zeitpunkt verweigerte die Jugendliche die Kontakte vollständig.

Wenn Elternteile ohne Obhut um einen regelmäßigen Kontakt zu ihren nunmehr urteilsfähigen jugendlichen Kindern kämpfen, haben sie schlechte Karten. Ihre Bemühungen oder ihr Kampf um hinreichenden Kontakt können zum Bumerang werden.

Zum einen ist es recht schwierig, wenn nicht unmöglich, ein Kontaktrecht gegen den Willen eines Jugendlichen durchzusetzen, zum anderen wird dabei übersehen, dass der Kampf um häufigere oder regelmäßigere Kontakte der Beziehung mehr schadet als nützt. Es gibt verschiedene Gründe, warum Kinder mit Erreichen des Jugendalters weniger gemeinsame Zeit mit dem getrennt lebenden Elternteil wünschen. Die Anzahl der Aktivitäten, der außerfamiliären und außerschulischen Verpflichtungen wächst mit dem Alter eines Kindes, so dass diese oft mit den Kontaktzeiten des getrennt lebenden Elternteils konkurrieren.

Der wichtigste Grund, warum Ihre jugendliche Tochter oder Ihr jugendlicher Sohn weniger Kontakt zu Ihnen wünscht, dürfte jedoch darin liegen, dass in Notsituationen zwar immer noch die Eltern die wichtigsten Bezugspersonen von Jugendlichen sind, dass aber im Alltag Freundschaften mit Gleichaltrigen und die Orientierung an den Peers einen höheren Stellenwert einnehmen. Ob Eltern oder Peers – Jugendliche erleben sich den Menschen zugehörig, von denen sie sich verstanden fühlen, und sie ziehen sich von den Menschen zurück, von denen sie sich nicht verstanden fühlen. Die Schwierigkeit dabei ist, dass Jugendliche oft sehr schnell das Gefühl haben, nicht verstanden zu werden.

Wenn Sie den Wunsch Ihres Jugendlichen nach weniger Kontakt auf der Beziehungs-Ebene interpretieren, fühlt er sich missverstanden. Er glaubt, dass es Ihnen nicht um ihn geht, sondern um Ihre eigenen Bedürfnisse. Der Jugendliche traut der Beziehung nicht mehr und zieht sich zurück, im Sinn von: Wenn du nicht merkst, dass es nichts mit dir zu tun hat, dann hat es gar keinen Sinn, sich noch zu bemühen. Noch kränkender ist es für Jugendliche, wenn Sie den Wunsch nach weniger Kontakt als Resultat einer Beeinflussung seiner Mutter interpretieren. Der Jugendliche fühlt sich nicht ernst genommen, im Sinne von: Wenn du mir nicht zutraust, dass ich eine eigene Meinung habe, kennst du mich nicht. Dann hat es keinen Sinn, sich noch zu bemühen.

Für Eltern, die nicht mit ihren jugendlichen Kindern zusammenleben, ist es um ein Vielfaches schwieriger, die Eigenheiten der Beziehung von Adoleszenten zu sich zu verstehen, und es fällt ihnen schwer, sich darauf einzustellen und funktional darauf reagieren zu lernen:

Viele Jugendliche können sich ihren Eltern gegenüber tagelang wie Fremde verhalten und jegliches Beziehungsangebot in den Wind schlagen, dann aber am Tag X eine Art „Beziehungs-Fenster" öffnen und ihr ganzes Innenleben anvertrauen. Ist der Elternteil zu diesem Zeitpunkt gerade nicht empfänglich oder nicht verfügbar, geht das Fenster wieder zu und öffnet sich – wenn überhaupt – erst wieder Tage oder Wochen später. Dies verlangt von Eltern heranwachsender Kinder eine enorme Flexibilität und Feinfühligkeit, aber auch die Fähigkeit, persönliche Kränkungen auszuhalten, ohne den Jugendlichen dafür Schuld aufzuladen.

Wenn Sie zum Bankomat werden

Ein Vater berichtet, dass er von seiner 15-jährigen Tochter nur noch dann etwas höre, wenn sie Geld möchte. Wenn er das Geld überwiesen habe, schreibe sie ihm denn auch einen netten Dankesbrief, aber auf Angebote, wie zum Beispiel zusammen essen zu gehen oder gemeinsam eine Veranstaltung zu besuchen, reagiere sie nicht. Er sei froh, dass er überhaupt noch etwas höre von ihr.

Aus Furcht, die Kinder zu enttäuschen und dadurch deren Liebe zu verlieren, neigen einige Väter dazu, den Kindern alle Wünsche zu erfüllen. Sie dürfen den Kindern Wünsche erfüllen. Aber dabei sollten Sie sich immer vergewissern, dass die Wunscherfüllung vor dem Hintergrund einer tragfähigen und vertrauensvollen Beziehung stattfindet. Die Wunscherfüllung darf die Beziehung nicht ersetzen.

Kinder brauchen Bezugspersonen mit Ecken und Kanten, an denen sie sich reiben oder an die sie sich anschmiegen können. Kinder brauchen ein Gegenüber, mit dem sie sich identifizieren oder von dem sie sich abgrenzen können, um zu einem eigenen Selbst zu gelangen. Ein Bankomat-Vater ist eine Manipuliermasse, kein Gegenüber.

Wenn Sie sich nicht sicher sind, ob Ihr Kind Sie als Vater oder als Bankomat wahrnimmt, versuchen Sie, die Wunscherfüllung mit Beziehungsangeboten zu koppeln. Sie könnten sagen: *„Ich bin bereit, dir das Geld für die neuen Stiefel zu geben. Aber ich möchte dich beim Kauf der Stiefel begleiten und danach mit dir essen oder ins Kino gehen oder einen Spaziergang machen."*

3.4 Wie Sie wirkungsvoll disziplinieren

Fallbeispiel

Die Eltern der drei Knaben von 6, 8 und 10 Jahren haben sich vor einem Jahr getrennt. Die Mutter wird in der Erziehungsberatung vorstellig, weil sie die Kinder nicht mehr im Griff habe. Die Knaben gehorchen ihr nicht mehr und teilen bei jeder kleinen Anforderung mit, dass sie dies und jenes beim Vater nicht machen müssten. Sie sage schon gar nichts mehr, weil es immer Streit gebe. Aber es werde immer schlimmer. Sie könne sich mit dem Vater der Kinder nicht besprechen. Dieser warte nur darauf, dass sie es mit den Kindern alleine nicht schafft.

Die Disziplinierung der Kinder stellt für getrennte Eltern eine große Herausforderung dar. Gerade wenn die Führung und Erziehung auseinanderbricht, die in der Dreierbeziehung ausbalanciert war, unterstützen die Eltern einander oft nicht mehr. Beide Eltern sind nun allein für die Führung der Kinder verantwortlich. Insbesondere Elternteile, die vor der Trennung kaum für die Führung der Kinder im Alltag zuständig waren, müssen diese erzieherischen Fertigkeiten erst einmal erwerben. Im Rahmen der Anpassung an die neue Situation fehlt es den Eltern oft an Energie und Aufmerksamkeit, das Verhalten der Kinder im Auge zu behalten und wenn nötig sofort zu intervenieren. Hinzu kommt die Hemmung, sich mit den Kindern auseinanderzusetzen: Die Eltern vermeiden Konfrontationen mit den Kindern, weil sie befürchten, nicht mehr aus der Negativstimmung herauszukommen oder die Strafandrohungen nicht wahr machen zu können. Und ein Elternteil, an den man das Problem delegieren kann, ist nicht mehr da.

Die Forschung hat gezeigt, dass die trennungsbedingten Verhaltensprobleme insbesondere der Knaben hauptsächlich Folge einer ungenügenden Disziplinierung sind. Diese Befunde interpretieren die Forscher und Forscherinnen so, dass belastete Eltern das positive Verhalten ihrer Kinder häufig kaum bemerken, die negativen Verhaltensweisen jedoch überbewerten. Darüber hinaus tendieren belastete Eltern dazu, höhere Erwartungen an ihre Kinder zu stellen. Das führt dazu, dass die überforderten Kinder mit Ungehorsam und Grenzüberschreitungen reagieren.

Werden Sie sich zunächst darüber klar, welchen Erziehungsstil Sie verfolgen und wie sich dieser Erziehungsstil auswirkt. Im Anschluss daran finden Sie Ratschläge, wie Sie das Verhalten der Kinder in positive Bahnen lenken können.

3.4.1 Unterschiedliche Erziehungsstile

Während Sie gerade feststellen, dass Ihr Sohn oder Ihre Tochter das Zimmer schon wieder nicht aufgeräumt hat, schießen Ihnen vielleicht Gedanken durch den Kopf wie: Das Kind benimmt sich schlecht, weil es verdorben ist, weil es mich für die Trennung bestrafen will oder weil es einfach sadistisch ist und Freude daran hat, mich zu ärgern und zu quälen. In der Regel liegen die Gründe für Ungehorsam und grenzüberschreitendes Verhalten aber anderswo:

Das Kind benimmt sich widerborstig und ist ungehorsam,

- weil es nicht genügend Aufmerksamkeit von Ihnen bekommt, wenn es erwünschtes Verhalten zeigt. Das Kind denkt sich: Da kann ich machen, was ich will, gut genug ist es nie;
- weil es Sie anders nicht auf seine Gefühle aufmerksam machen kann. Oft klinken Kinder aus, wenn sie sich verletzt, bedroht oder überfordert fühlen. Für das Kind ist es funktional, seine Wut an den Personen auszulassen, von denen es keinen Rückzug befürchten muss;
- weil es sich über die Regeln und Erwartungen nicht ganz im Klaren ist oder weil sich die Regeln und Erwartungen der Eltern von Tag zu Tag ändern. Dann muss das Kind das Rad jeden Tag wieder neu erfinden. Das Herausfinden der jeweils geltenden Grenzen verbraucht viel psychische Energie, die dem Kind in anderen Situationen fehlt.

Viele Trennungskinder machen die Erfahrung, dass die Regeln bei der Mutter und beim Vater unterschiedlich sind. Das ist im Grunde kein Problem. Das gesunde Kind ist flexibel und kann sich an verschiedene Gegebenheiten anpassen. Es kann unterscheiden, dass in der Schule, beim Vater, bei der Mutter und bei den Großeltern jeweils andere Regeln gelten. Für das Kind ist es jedoch wichtig, dass die Regeln zumindest innerhalb des jeweiligen Kontextes stabil sind.

Wenn Ihr Kind wiederholt unerwünschtes Verhalten zeigt, ist es Zeit für eine innere Krisensitzung. Wie gehen Sie normalerweise vor? Welcher Erziehungsstil ist Ihnen vertraut?

Der autoritäre Erziehungsstil

Elternteil: Katrin, ich meinte, dass ich dir gesagt habe, dass du dein Zimmer aufräumen sollst. Wo zum Teufel warst du? Aha, ich sehe, Zeit zum TV-Schauen hast du wohl gehabt!

Kind: Aber Mama (Papa), weißt du nicht mehr, wir hatten doch heute noch kirchlichen Unterricht nach der Schule, und dann ...

Elternteil: Das ist mir ziemlich schnuppe. Du hast gehört, was ich gesagt habe. Ich wette, du hast nicht einmal deine Hausaufgaben gemacht. Ich habe dir klar und deutlich gesagt, dass du oben dein Zimmer aufräumen sollst. Ich stelle fest: Du hast es nicht gemacht, also hast du Hausarrest für den Rest der Woche!

Kind: Aber Mama (Papa), ich ...

Elternteil: Du kennst die Regeln, also marsch jetzt: Geh nach oben und räum auf!

Der autoritäre Elternteil verhält sich wie ein Drillgeneral. Er hat für alles und jedes Regeln und erwartet von seinen Kindern zu viel. Er kommandiert die Kinder herum und verstrickt sich oft in abwärtsführenden Negativspiralen: Der Elternteil bestraft das Kind, weil es die Erwartungen nicht erfüllt. Das Kind fühlt sich ungerecht behandelt und zieht sich trotzig und motzend zurück, der Elternteil wird noch ärgerlicher und das Kind macht noch mehr dicht

Der permissive Erziehungsstil

Elternteil: Katrin, was ist los? Hattest du Zeit, dein Zimmer aufzuräumen?

Kind: Ach ja, Mami, ich hatte heute nach der Schule noch kirchlichen Unterricht, und als ich nach Hause kam, hatte ich keine Zeit, weil im TV gerade meine Lieblingsserie lief.

Elternteil: Also gut. Ich mache es diesmal für dich. Aber das nächste Mal musst du es selber tun.

Kind: Ja, klar, ich verspreche es. Danke, Mami.

Der permissive Elternteil ist sehr gewährend und scheinbar frustrationstolerant in Bezug auf alles, was die Kinder tun oder nicht tun, inklusive aggressives Verhalten oder Ungehorsam. Er erlaubt den Kindern, ihn zu beherrschen. Er stellt kaum Regeln auf und verlangt wenig von den Kindern. Er nimmt es den Kindern zwar übel, wenn sie sich schlecht benehmen, aber allein schon der Gedanke, etwas zu ändern, überfordert ihn.

Der autoritative Erziehungsstil

Elternteil: Hallo, Schatz, wie lief es denn heute in der Schule?

Kind: Gut. Aber nach der Schule hatte ich ja auch noch kirchlichen Unterricht.

Elternteil: Ach ja, das hast du mir gesagt. Danke, dass du heute Morgen daran gedacht hast, den Kehrichtcontainer wegzubringen. Das war wirklich nett.

Kind: Ja, kein Problem. – Ui, aber ich habe mein Zimmer nicht aufgeräumt. Ich war so im Stress.

Elternteil: Tja, das wollte ich dich eben fragen. Warum genau hat das nicht geklappt?

Kind: Ja, der Pfarrer hat uns so spät gehen lassen, und als ich nach Hause kam, lief gerade meine Lieblingsserie.

Elternteil: Mmm-hmm, nun, du kennst die Regeln: Kein TV, bevor Hausaufgaben und Pflichten gemacht sind.

Kind: Ach bitte, Mami, kann ich es nicht morgen aufräumen?

Elternteil: Schatz, ich verstehe ja, dass du einen anstrengenden Tag hattest, aber wir haben abgemacht, dass es kein TV gibt, bevor das Zimmer aufgeräumt ist und die Hausaufgaben gemacht sind. Du kennst die Konsequenzen.

Kind: Ach, Mami! Du bist gemein.

Elternteil: Damit kann ich leben.

Autoritative Eltern haben realistische Erwartungen an ihre Kinder. Sie übertreiben nicht mit Regeln, sondern stellen gerade so viele auf wie nötig. Erwartungen und Konsequenzen bei Nichteinhalten der Erwartungen werden klar und deutlich miteinander besprochen, und die Konsequenzen sind vernünftig und durchsetzbar. Autoritative Eltern sind konsequent sowohl beim Bestrafen als auch beim Loben.

3.4.2 Erwartungen und Konsequenzen

Erwartungen sind Leitlinien für Verhaltensweisen. Mit Ihren Erwartungen lassen Sie das Kind wissen, was Sie meinen, dass es tun oder lassen soll. Erwartungen ermöglichen dem Kind, Anerkennung zu bekommen, wenn es diese Erwartungen erfüllt. Nun möchte es dieses Erfolgserlebnis wiederholen.

Vergewissern Sie sich stets, ob Ihre Anforderungen und Erwartungen dem Alter und der Reife des Kindes entsprechen. Beantworten Sie für sich folgende Fragen:

1. Habe ich meinem Kind meine Erwartungen und die Konsequenzen bei Nichteinhalten deutlich vermittelt?
2. Hat mein Kind verstanden, was ich von ihm verlange?
3. Sind die Konsequenzen fair, bedeutungsvoll und vor allem durchsetzbar?
4. Schenke ich meinem Kind konsequent positive Aufmerksamkeit, wenn es die Erwartungen erfüllt?

5. Bin ich in der Anwendung der negativen Konsequenzen bei schlechtem Verhalten konsequent?

Zu den Konsequenzen: Viele Eltern klagen, dass sie zwar wissen, wie sich ihre Kinder verhalten sollen, dass es ihnen aber schwerfällt, sie zu bestrafen. Es fällt ihnen nichts dazu ein, wie sie die Kinder gerecht und wirkungsvoll bestrafen können. Die moderne Erziehung favorisiert die Verhaltensmodifikation durch Belohnung von erwünschtem Verhalten. Aber Kinder verhalten sich häufig daneben. Wenn die Konsequenz dieses Verhaltens mit einem Leidensdruck einhergeht, sind Kinder wie alle anderen Menschen eher geneigt, sich zu ändern, als wenn das Fehlverhalten gar keine Konsequenzen hat.

Die Wahl der Konsequenzen ist nicht leicht. Auf den nächsten Seiten finden Sie Möglichkeiten, wie Sie reagieren können, wenn Ihr Kind Ihre Erwartungen nicht erfüllt.

Ignorieren

Mit Ignorieren „bestrafen" Sie das Kind, indem Sie ihm für sein Fehlverhalten keine Aufmerksamkeit schenken.

- Sie könnten sagen: *„Ich werde nicht mehr verhandeln"*, *„Dazu sage ich nichts mehr"*, *„Keine Diskussion!"*
- Wenn das Kind Sie weiter belagert, können Sie wegschauen und sich mit anderen Dingen beschäftigen, zum Beispiel die Zeitung nehmen und anfangen zu lesen oder aus dem Raum gehen.

Kontrolle erhöhen

Sie unterstützen das Kind beim Erfüllen Ihrer Erwartungen, indem Sie die Kontrolle erhöhen.

- Sie können das Kind zu Hause anrufen und sich nach dem Stand der Hausaufgaben erkundigen.
- Sie können das Kind selber anrufen lassen.
- Sie können einen Nachbarn bitten, schnell vorbeizuschauen, oder ein Kinderhütemädchen kommen lassen.

Natürliche Konsequenzen

Die fairste und wirkungsvollste Art zu disziplinieren besteht darin, die natürlichen Konsequenzen wirken zu lassen. Dies lässt sich mühelos machen, konfrontiert die Kinder mit den Konsequenzen ihres eigenen Handelns und fördert ihre Fähigkeit, gute Entscheidungen zu treffen.

- Lassen Sie das Kind zu spät zur Schule kommen, wenn es immer trödelt. Sie können die Lehrperson im Vorhinein darüber informieren, dass Sie in einer Experimentierphase sind.
- Wenn das Kind zu spät zum Essen kommt, muss es damit rechnen, dass nichts mehr für es übrig ist. Wenn das Kind das Essen verweigert, bekommt es nichts anderes zu essen.
- Die Kleider Ihrer jugendlichen Kinder werden nicht mehr gewaschen, wenn sie nicht im Wäschekorb waren. Saubere Kleider, welche der oder die Jugendliche beim Aufräumen einfach in den Wäschekorb gesteckt hat, werden aussortiert und im Wäscheraum gestapelt.

Verlust bei Missbrauch

Diese eng mit dem Problemverhalten verbundene Konsequenz stellt eine logische Folge des Problemverhaltens dar.

- Das Kind hat nicht geholfen, die Küche aufzuräumen, bevor es sich vor den Fernseher gesetzt hat, um seine Lieblingsserie zu schauen. Der Fernseher wird abgestellt, bis die Küche aufgeräumt ist.
- Das Kind lässt oft seine Handschuhe liegen und findet sie eines Tages nicht mehr. Also muss es von seinem Taschengeld neue kaufen.
- Das Kind kommt eine halbe Stunde später als abgemacht. Also muss es beim nächsten Mal eine halbe Stunde früher kommen.

Wegnehmen von bedeutsamen Privilegien

Diese Konsequenz besteht darin, dem Kind etwas Angenehmes oder Vertrautes wegzunehmen. Wichtig ist, dass es sich dabei *nicht* um Dinge handelt, die das Kind für seine Entwicklung braucht.

- Dem Kind wird das Privileg genommen, länger als seine Geschwister aufzubleiben.
- Dem Kind wird das Privileg genommen, jeden Tag eine TV-Serie zu schauen.

Auftragen von Tätigkeiten für das Wohl der Gemeinschaft

Als Elternteil erledigen Sie eine Menge von täglich notwendigen Aufgaben, die auch ein Kind machen könnte. Wenn Sie dem Kind als Konsequenz seines Verhaltens solche Arbeiten auftragen, schlagen Sie zwei Fliegen mit einer Klappe. Die Strafe des Kindes besteht hier darin, dass es dem Elternteil etwas Gutes tun muss, sozusagen als Entschädigung dafür, dass der Elternteil den Ungehorsam des Kindes aushalten muss.

- Lassen Sie das Kind die Wohnung staubsaugen.
- Lassen Sie das Kind Einkäufe machen.

Wenn Sie das Kind mit den Konsequenzen konfrontiert haben, ist es von zentraler Bedeutung, dass Sie diese unbeirrt durchsetzen. Dies wird nicht ohne Nebengeräusche vonstattengehen. Aber das müssen Sie aushalten. Beachten Sie dabei folgende Punkte:

- Weisen Sie nicht das Kind zurück, sondern sein schlechtes Benehmen.
- Verharren Sie nicht in der schlechten Stimmung, sondern nehmen Sie den normalen Kontakt zu Ihrem Kind nach einer kurzen Weile wieder auf.
- Bleiben Sie standfest – Sie sind die Führungsperson.
- Vertrauen Sie darauf, dass Ihr Handeln gut ankommt, weil Sie eine faire Konsequenz gewählt haben.
- Ziehen Sie die Konsequenzen immer durch.
- Machen Sie Gebrauch vom Ärgermanagement, wenn Sie unterliegen und das Kind Sie austrickst.

3.5 Was soll ich tun …

3.5.1 … wenn das Kind glaubt, dass die Eltern wieder zusammenkommen?

Ungeachtet der vorherigen Beziehung vermissen nicht nur Sie, sondern auch Ihre Kinder den abwesenden Elternteil in der Regel sehr stark und halten die Vorstellung lebendig, dass die Eltern wieder zusammenkommen. Solche Wiedervereinigungsphantasien können jahrelang anhalten. Viele Kinder können gut zwischen der Realität und ihren Wünschen unterscheiden. Sie sagen: „Ich weiß, dass Mama und Papa nicht mehr zusammenkommen. Aber ich wünsche es mir trotzdem." Andere Kinder bleiben in der Hoffnung stecken, je nachdem, welche Signale Sie als Eltern aussenden. Für Eltern wird es schwierig, gegenüber ihrem Kind eine klare Position zu beziehen, wenn sie selbst an eine Wiedervereinigung mit dem Ex-Partner oder der Ex-Partnerin glauben oder sich diese erhoffen. Sehr häufig senden die Eltern ihren Kindern unterschiedliche Signale. Beispielsweise sagt der eine Elternteil dem Kind, dass er oder sie gern wieder mit dem anderen Elternteil zusammenleben würde, während der andere Elternteil dem Kind vermittelt, dass er oder sie sicher nie mehr zum anderen Elternteil zurückkehren wird. Welche persönliche Einstellung Sie auch haben: Es hat keinen Sinn, Ihrem Kind etwas vorzumachen.

- Akzeptieren Sie, dass Ihr Kind den abwesenden Elternteil vermisst und von ihm spricht.
- Sagen Sie dem Kind klar, dass es Ihre Entscheidung, sich zu trennen, nicht rückgängig machen und auch nicht durch sein Verhalten beeinflussen kann.
- Versuchen Sie Ihrem Kind zu vermitteln, dass es unterschiedliche Ansichten und Wünsche geben darf und dass es damit leben lernen muss.
- Geben Sie Ihrem Kind gegenüber zu, wenn diese Situation auch für Sie schwierig ist.

Besonders kurz nach der Trennung sind sich Eltern oft nicht sicher, ob sie den Kindern zuliebe noch den Geburtstag oder Weihnachten im Familienverband feiern sollen. Gerade mit solch einem Scheinfamilienfest erschweren Sie dem Kind, sich damit abzufinden und daran zu gewöhnen, dass es die Familie als solche nicht mehr gibt. Sehnsucht ist eine Sucht. Entsprechend ist die Sehnsucht nach der Familie gleichzusetzen mit einer Sucht nach etwas Vertrautem und Liebgewonnenem. Die unregelmäßige Konfrontation damit erschwert das Abstinentwerden. Insbesondere wenn für Sie die Wiedervereinigung mit dem Ex-Partner bzw. der Ex-Partnerin kein Thema ist, sollten Sie unbedingt von jeglichen Familien-Inszenierungen absehen.

3.5.2 … damit das Kind uns als Eltern wahrnimmt?

Während Sie daran arbeiten, die Eltern-Ebene von der Paar-Ebene zu trennen, ist es für das Kind oft schwierig zu spüren, dass seine Eltern nicht einfach zu zwei voneinander unabhängigen Fremden geworden sind, sondern sich in seinem Interesse um eine gemeinsame Verantwortung bemühen. Man kann und soll es vor dem Kind nicht verbergen, dass die Eltern möglichst wenig miteinander zu tun haben wollen. Aber es soll merken, dass die Eltern über das Kind immerhin noch eine Gemeinsamkeit teilen.

Für ein Kind ist es schwer zu verstehen, welche Rechte und Pflichten zur gemeinsamen elterlichen Sorge gehören. Es spürt die gemeinsame Verantwortung am besten, wenn Sie es bei größeren Entscheidungen wissen lassen, dass Sie sich darüber mit dem anderen Elternteil unterhalten werden. Ein wichtiges Signal für die gemeinsam getragene Verantwortung stellen auch gemeinsame Geschenke dar. Wenn Sie Ihrem Kind zum Beispiel zu Weihnachten ein Fahrrad schenken und ihm sagen, dass dies das Geschenk beider Eltern ist, versteht das Kind, dass es auf der Eltern-Ebene als eine Verbindung zwischen beiden Eltern wahrgenommen wird. Diese Erfahrung ist für das Kind wichtig, damit es im Pendelverkehr zwischen dem Planeten „Mutter" und dem Planeten „Vater" nicht im All verloren geht.

3.5.3
... wenn das Kind meine neue Partnerschaft ablehnt?

Fallbeispiel

Petra, Mutter einer 9-jährigen Tochter: „Als ich nach zwei Jahren des Alleinseins wieder eine Partnerschaft eingegangen bin, war das für Aline eine Katastrophe. Ich dachte zunächst, dass sie sich daran gewöhnen wird, wenn ich die Beziehung mit Marc langsam und behutsam angehe. Aber es wurde immer schlimmer. Sie weigerte sich hartnäckig, zu dritt etwas zusammen zu unternehmen. Wenn ich Aline dann so weit hatte mitzukommen, verhielt sie sich Marc gegenüber frech und feindselig. Wenn ich von ihr Anstandsverhalten verlangte, übertrug sie ihre Feindseligkeit auch auf mich. Marc konnte sich noch so große Mühe geben – Aline hat ihm keine Chance gegeben. Schließlich wurde mir dieser Eiertanz zu viel, und ich löste die Beziehung zu Marc."

Es ist kein Zufall, dass das Kind im obigen Fallbeispiel weiblich ist. Wenn Sie nach der Trennung eine neue Beziehung eingehen, werden Sie die Erfahrung machen, dass Mädchen negativer darauf reagieren als Jungen. Der Grund dafür ist nicht ganz klar. Man nimmt an, dass Jungen grundsätzlich weniger zu symbiotischen Beziehungen neigen. Jungen profitieren von einem Mann an der Seite der Mutter, und eine Frau an der Seite des Vaters scheint für sie keine Bedrohung zu sein. Sie stellt keine Gefahr für ihre Geschlechtsrollenidentifikation mit dem Vater dar.

Anders als Jungen tendieren Mädchen dazu, in Belastungssituationen die Beziehungen zu ihren Bezugspersonen zu intensivieren. In einer engen Beziehung mit der Mutter sehen sie einen Mann an der Seite der Mutter als Eindringling und die Frau an der Seite des Vaters als Konkurrentin.

Eine neue Beziehung der Eltern kann bei Kindern beiderlei Geschlechts die Befürchtung auslösen, dass sie nun nicht mehr so ausschließlich geliebt werden oder Sie sich nun nicht mehr so unverbrüchlich kümmern. Es ist wichtig, dass Sie Ihrem Kind deutlich machen: Auch mit der Beziehung zum neuen Partner bzw. zur neuen Partnerin werden Sie ebenso viel Zeit mit ihm verbringen und es genauso lieb haben wie zuvor. Sie können diese Botschaft mit Worten und mit Taten unterstreichen. Sie sagen zum Beispiel: *„Meine Gefühle für (oder: meine Liebe zu) ... wird meine Liebe zu dir nicht verändern. Ich werde immer für dich da sein, was immer auch passiert.*" Die Taten beziehen sich auf die Techniken, die Sie zur Intensivierung der Beziehung kennengelernt haben: Eltern-Kind-Zeit, positives Verhalten erkennen, aktives Zuhören. Versuchen Sie, Ihrem Kind in dieser Zeit eine Extraportion Aufmerksamkeit zu schenken.

Ihr neuer Partner bzw. Ihre neue Partnerin sollte sich grundsätzlich zuerst um eine liebevolle und herzliche Beziehung zu Ihren Kindern bemühen. Wenn Ihre neue Liebe zu einem Teil der Familie werden soll und es Ihnen wichtig ist, dass er oder sie auch Elternfunktionen übernimmt, ist es besonders wichtig, dass er bzw. sie dies erst tut, nachdem sich eine tragfähige Beziehung entwickelt hat. Geben Sie Ihrem neuen Partner, Ihrer neuen Partnerin auch Gelegenheit, sich ohne Sie mit den Kindern zu beschäftigen.

3.5.4
... wenn das Kind Druck auf mich ausübt?

Keine Frage: Kinder können ganz schön Druck ausüben, wenn ihnen Ihr neuer Partner, Ihre neue Partnerin nicht passt. Die entsprechenden Auseinandersetzungen mit Ihrem Kind können Sie an Ihre Grenzen bringen. Aber lösen Sie keine Beziehung auf, nur um die Kinder zufriedenzustellen. Mit einer solchen Machtumkehr vollziehen Sie einen Rollentausch, und der ist in einer Eltern-Kind-Beziehung nie gut. Das Kind ist zwar vordergründig zufrieden. Aber diese Zufriedenheit kostet Schuldgefühle, die das Kind abwehren muss. Spätestens wenn Sie wieder einmal unglücklich sind und das Kind spürt, dass es Sie nicht glücklich machen kann, werden diese Schuldgefühle an die Oberfläche des Bewusstseins geschwemmt, wo sie dann wieder abgewehrt werden müssen. Diese energieraubenden und krankmachenden Prozesse können Sie dem Kind ersparen, wenn Sie authentisch bleiben, im Sinne von: *„Ich werde mich nicht von ... trennen, aber du kannst mir sagen, was ich machen muss, damit du dich damit abfinden kannst."*

Machen Sie dem Kind klar, dass Sie ein Recht auf ein eigenes Leben haben, dass Ihr Leben weitergeht, wenn die Kinder später aus dem Haus gehen. Gerade Kinder in der Vorpubertät verstehen gut, dass es für sie auch Vorteile haben kann, den Elternteil „versorgt" zu wissen, wenn sie eigene Beziehungen aufnehmen und diese pflegen möchten.

Beziehen Sie Ihr Kind in die Aktivitäten mit Ihrem neuen Partner, Ihrer neuen Partnerin mit ein, und vergewissern Sie sich, dass Ihrem Kind bei diesen gemeinsamen Aktivitäten genügend Aufmerksamkeit zukommt. Sie können nicht von Ihrem Kind verlangen, dass es Ihren neuen Partner sofort ins Herz schließt. Sie müssen es aushalten, dass Ihr Kind Ihre Liebe zu Ihrer neuen Partnerin nicht teilt. Was es fühlen soll, können Sie dem Kind nicht befehlen; befehlen können Sie ihm, wie es sich verhalten soll. Fordern Sie vom Kind unbedingt Anstand und Respekt gegenüber Ihrer neuen Liebe ein. Verlangen Sie zum Beispiel von Ihrem Kind, dass es anständig grüßt, auf Fragen adäquat Antwort gibt und sich, wenn angebracht, bedankt.

3.5.5
... wenn mein Kind mich ablehnt?

Wenn Kinder im Rahmen der elterlichen Trennung einen Elternteil ablehnen, kann dies verschiedene Gründe haben. Die häufigsten Gründe sind:

Loyalitätskonflikt. Im Zusammenhang mit ausgeprägten und anhaltenden Elternkonflikten versucht das Kind Kontrolle über die Situation zu gewinnen, indem es seine Beziehung zu *dem* Elternteil „opfert", von dem es weniger abhängig ist (vgl. Kap. 2.2).

Beeinflussung durch einen Elternteil. Kinder lassen sich am ehesten von einem Elternteil gegen den anderen beeinflussen, wenn sie im Loyalitätskonflikt stehen.

Bestrafung des „schuldigen“ Elternteils. Kinder mit einem ausgeprägten Gerechtigkeitsempfinden oder Jugendliche machen sich ein klares Bild von der Schuldverteilung der sich trennenden Eltern. Sie ziehen sich demonstrativ von dem Elternteil zurück, welcher in ihren Augen schuldig sind.

Wenn sich das Kind von Ihnen zurückzieht, ist dies besonders schmerzlich für Sie. Nach dem Verlust der Paar-Ebene sind Sie mit einem weiteren Verlust konfrontiert. Zudem handelt es sich bei der Kündigung der Liebe des Kindes nicht um die Kündigung einer Freundschaft, sondern um den Verlust Ihres eigenen Fleisches und Blutes.

Während sich die Ablehnung von wütenden Kindern und Jugendlichen *ohne* gezielten Beitrag des anderen Elternteils in der Regel wieder legt, können elterngespeiste Ablehnungen andauern. Sie sind hilflos, verzweifelt und fühlen sich von den Behörden allein gelassen. In Ihrer Verzweiflung laufen Sie Gefahr, die Situation noch schlimmer zu machen. Aber was können Sie tun?

Authentisch bleiben

Besonders zahlungskräftige Elternteile laufen Gefahr, ihre Kinder zu kaufen, um wenigstens ein Minimum an Kontakt aufrechtzuerhalten (vgl. Kap. 3.3.2). Wenn dies auf Sie zutrifft, verändern Sie ungewollt das Vaterbild, das Ihr Kind von Ihnen hat, was für das Kind längerfristig irritierend ist.

> Bleiben Sie authentisch. Stehen Sie zu Ihren Werten und Überzeugungen. So hat das Kind eine Chance, das Bild von Ihnen in Ihrer Abwesenheit aufrechtzuhalten. Andernfalls könnte es die Ablehnung damit rechtfertigen, dass es gar nicht mehr weiß, wer und wie sein Elternteil ist.

Richtiges Maß finden zwischen Kampf und Loslassen

Viele Eltern schwanken zwischen dem Kampf mit Hilfe der Behörden und totalem Loslassen. Keines der beiden Extreme empfiehlt sich. Einen anhaltenden Kampf auf der Behörden-Ebene wird insbesondere das beeinflusste Kind als Strafe und Rache empfinden und sich daraufhin noch mehr von Ihnen zurückziehen. Wenn Sie sich aber beim Kind überhaupt nicht mehr in Erinnerung bringen, fällt es dem Kind leicht, seine Ablehnung zu rechtfertigen, indem es sich sagt: „Er (oder sie) hat ja gar kein Interesse an mir.“ Also gilt es, ein ideales Maß zwischen Bemühung und Loslassen zu finden.

An Geburtstagen, zu Weihnachten und in wichtigen Momenten im Leben des Kindes wie zum Beispiel Schulabschluss, Konfirmation, Ehrungen in Sport oder Musik sollten Sie das Kind wissen lassen, dass Sie in Gedanken den Kontakt zu ihm aufrechterhalten. Verzichten Sie auf teure Geschenke, und setzen Sie stattdessen mit Postkarten freundliche Zeichen. Hüten Sie sich, dem Kind Schuldgefühle zu machen, indem Sie ihm Ihre verzweifelte Lage darlegen.

Tagebuch anlegen

Einigen Eltern fällt es leichter, wenn sie sich nach angemessener Trauerarbeit gedanklich so gut wie möglich von ihrem Kind verabschieden, damit sie sich auf ihr eigenes Leben konzentrieren können. Andere Eltern haben Angst vor diesem Totalverlust und fühlen sich lebendiger, wenn sie zumindest in Gedanken mit ihrem Kind verbunden bleiben.

Legen Sie eine Art Tagebuch oder Ordner an die Adresse Ihres Kindes an, in welchem Sie mit Ihrem Kind sprechen, Fotos aufbewahren, Dokumente sammeln et cetera. Stellen Sie sich vor, dass Sie Ihrem Kind dieses Tagebuch übergeben, wenn es volljährig wird.

3.6 Braucht mein Kind eine Therapie?

Angesichts von schwierigem Verhalten der Kinder im Rahmen der Trennung fragen Sie sich vielleicht oft, ob Sie genug für das Kind tun können oder ob Ihr Kind darüber hinaus fachliche Hilfe braucht.

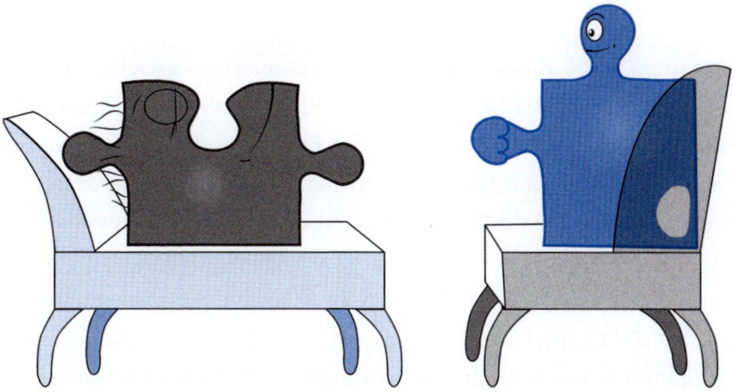

Das Aushalten des Loyalitätskonflikts stellt für Kinder von stark zerstrittenen Eltern mitunter einen ungeheuren Kraftakt dar und bedarf der Mobilisierung von beträchtlicher psychischer Energie. Nicht selten drücken diese Kinder ihre Belastungen psychosomatisch aus oder neigen zu Depressionen oder Angstzuständen. In erster Linie sind Sie als Eltern in der Verantwortung, den ursächlichen Loyalitätskonflikt des Kindes zu reduzieren. Wenn Ihnen das nicht gelingt und das Leiden des Kindes zunimmt, ist eine Psychotherapie des Kindes angezeigt. Der Erfolg der Therapie hängt unter anderem davon ab, ob das Kind motiviert ist. Dies ist in der Regel der Fall, wenn sich das Kind verstanden fühlt. Diese Situationen sind meistens dadurch gekennzeichnet, dass die Therapie von beiden Eltern befürwortet wird und beide Eltern zur Zusammenarbeit bereit sind.

Ähnlich einem Medikament, das verheerenden Schaden anrichten kann, wenn es nicht für die dafür bestimmte Krankheit verabreicht wird, kann sich auch eine Psychotherapie verbieten, weil sie mehr schadet als nützt. Dies ist regelmäßig dann so, wenn in Fällen von manipulativer Entfremdung die beeinflussenden Eltern das Kind in eine Therapie schicken. Der Therapeut hat hier nur zwei Möglichkeiten: Entweder lässt er sich darauf ein und befindet sich alsbald in Koalition mit dem manipulierenden Elternteil und dem Kind, oder er wird aus seiner Aufgabe entlassen, sobald er die Einstellungen des beauftragenden Elternteils in Frage stellt.

Die Frage, ob das Kind möglicherweise von einem Therapiesetting profitieren könnte, das sich von der ganzen Thematik rund um die Elternbeziehungen distanziert, ist sehr theoretisch. Allenfalls stünde eine rein spielerische Therapie im Sinn einer Psychodramatherapie zur Diskussion. Aber da jede Kindertherapie ein klares Behandlungsziel, eine große Erfolgschance und eine zumindest minimale Bereitschaft des Kindes voraussetzt, stellt sich die Frage, wie eine solche Therapie vor dem Kind gerechtfertigt werden soll. Letztlich sind nur zwei Möglichkeiten zu empfehlen, welche in jedem Fall für das Kind schadlos sind:

Kindertherapie ohne Kinder. Bei dieser Therapieform arbeiten fachkundige Psychotherapeuten ausschließlich mit den Eltern, haben aber das Kind im Fokus. Das betont die Verantwortlichkeit der Eltern bereits mit dem Setting. Dadurch wird nicht nur eine Pathologisierung des Kindes verhindert, sondern auch eine Konfusion auf der hierarchischen Eltern-Kind-Ebene.

Gruppentherapie: In Gruppentherapien für Scheidungskinder erleben die Kinder, dass ihre Erfahrungen nicht außergewöhnlich sind, und lernen, ihre eigene Geschichte zu akzeptieren. Allein schon durch diese Entlastung und die

Entstigmatisierung gewinnen Kinder vielfach ihre Balance zurück. Der Austausch mit gleichaltrigen Gleichgesinnten ermöglicht den Kindern, eine Sprache für ihre Gefühle und Wahrnehmungen zu finden, sozusagen als Voraussetzung dafür, dass sich Gefühle auch regulieren lassen. Beim Erwerb von funktionalen Bewältigungsstrategien werden die Kinder von einer erfahrenen Gruppentherapeutin unterstützt und begleitet. Die Methoden der Gruppentherapie mit Scheidungskindern sind Gespräche, Gruppendiskussionen und Rollenspiele. Auch gestaltpsychologische Elemente wie Bilderbücher, kreatives Gestalten oder das gemeinsame Spiel setzt man ein.

Teil III

Betreuungsanteile

4
Wo bleibt das Kind?

Auch wenn Sie die dargelegten Anregungen befolgen und erste Erfolge verbucht haben, stehen Sie vor der Frage, wie Sie die Betreuung über Ihre Kinder längerfristig am besten regeln. Dabei konkurrieren eigene Bedürfnisse und Bedürfnisse der Kinder. Darüber hinaus bewegen Sie sich in dieser Frage in einem rechtlichen Raum, der insbesondere dann Formen annimmt, wenn Sie sich als Eltern über die Verteilung der Betreuungsanteile nicht einig sind. In den folgenden Kapiteln werden Sie mit den einschlägigen Rechtsbegriffen vertraut gemacht. Sie werden verstehen, welche Bedingungen an die verschiedenen Betreuungsmodelle geknüpft sind.

4.1
Zu den Konzepten und Rechtsbegriffen

4.1.1
Sorgerecht

Nach den Gesetzesänderungen im Rahmen der Familienrechtsreformen in den deutschsprachigen Ländern wird die *gemeinsame* elterliche Sorge regelhaft verfügt, wenn nicht zur Wahrung der Interessen des Kindes ausnahmsweise an der alleinigen elterlichen Sorge der Mutter festzuhalten oder die alleinige elterliche Sorge dem Vater zu übertragen ist. „Gemeinsame elterliche Sorge" bedeutet, dass die Eltern wichtige Entscheidungen, die sich auf das Kind auswirken, gemeinsam treffen müssen, zum Beispiel bei

- Änderung des Vor- oder Familiennamens des Kindes,
- Eintritt in oder Austritt aus einer Kirche oder Religionsgemeinschaft,
- verändertem Aufenthaltsort des Kindes,
- Übergabe des Kindes in fremde Pflege,
- Erwerb oder Verzicht auf eine Staatsangehörigkeit,
- vorzeitiger Auflösung eines Lehrverhältnisses.

Bei der nach neuem Recht ausgestalteten gemeinsamen elterliche Sorge geschiedener Eltern handelt es sich um einen rechtlichen Sachverhalt. Die Psychologie und ihre Vertreter sollen nur in Ausnahmefällen beigezogen werden und zur Klärung beitragen, nämlich dann, wenn als Folge dieser Regelung eine direkte Gefährdung des Kindes nicht ausgeschlossen werden kann. Die Gerichte und Entscheidungsbehörden sind also gehalten, die gemeinsame Sorge anzuordnen, es sei denn, die Kinder würden dadurch Schaden nehmen. Die Verfügung einer Alleinsorge rechtfertigt sich in diesen Fällen nur dann, wenn man dadurch der Verursachung einer Kindeswohlgefährdung tatsächlich begegnen kann. Einem Elternteil die elterliche Sorge zu „entziehen", muss sich somit positiv auf das Kindeswohl auswirken.

4.1.2 Obhut, Obsorge

Wird die Obhut bei gemeinsamer elterlicher Sorge einem Elternteil zugewiesen, so spricht man bei der Kontaktregelung zum anderen Elternteil von „persönlichem Verkehr". Wird die Obhut nicht explizit einem Elternteil zugeteilt, müssen die Betreuungsanteile festgelegt werden. Aus soziologischer und psychologischer Sicht unterscheiden sich Betreuungsmodelle nach Trennung und Scheidung in ihrer Symmetrie.

Eine geteilte bzw. alternierende Obhut (in Österreich „Obsorge") mit symmetrischer Betreuung wird in Fällen gelebt, in denen das Kind möglichst 50 Prozent der Zeit bei einem Elternteil und 50 Prozent der Zeit beim anderen Elternteil lebt. Im deutschsprachigen Raum wird diese Art von alternierender Obhut als „paritätisches Wechselmodell" oder „Doppelresidenz" bezeichnet. Eine besondere Form dieses Modells stellt das selten gelebte „Nestmodell" dar, bei dem das Kind in der gemeinsamen Wohnung verbleibt und daselbst abwechselnd von den Eltern betreut wird, die je in einer eigenen Wohnung leben.

Von „geteilter" bzw. „alternierender Obhut mit asymmetrischer Betreuung" wird gesprochen, wenn das Kind hauptsächlich von einem Elternteil betreut wird, die Betreuungsanteile des anderen Elternteils jedoch mindestens 30 Prozent betragen. Liegt der Betreuungsanteil des nicht hauptsächlich betreuenden Elternteils unter 30 Prozent, wird nicht mehr von „alternierender Obhut" bzw. „Wechselmodell" gesprochen, sondern von einem „Residenzmodell mit erweitertem Umgang" oder „erweitertem Kontaktrecht".

Ein asymmetrisches Betreuungsmodell im Rahmen einer alleinigen Obhut sieht meist vor, dass sich das Kind alle zwei Wochen übers Wochenende beim getrennt lebenden Elternteil aufhält, meist von Freitag bis Sonntagabend, und für die Hälfte der Ferien. Gelegentlich wird ein weiterer Nachmittag unter der Woche vereinbart. Eine Umgangsregelung alle zwei Wochen am Wochenende und hälftige Ferien entsprechen etwa 30 Prozent der Betreuungszeit, zwei Übernachtungen pro Monat und zwei Wochen Ferien etwa 20 Prozent.

Die Bezeichnung „Besuchsrecht“ für den persönlichen Verkehr des Kindes mit dem getrennt lebenden Elternteil, die nach wie vor geläufig und in der Schweiz noch gesetzlich verankert ist, sollte geändert werden. Abgesehen davon, dass der getrennt lebende Elternteil auf eine „Besuchsfunktion“ reduziert wird, bezeichnet der Begriff „Besuch“ eine Situation, in der sich ein Gast freiwillig in das räumliche Umfeld eines Gastgebers begibt. Dieses Setting ist kaum vergleichbar mit einer Situation, in der sich Eltern und Kinder begegnen, um die Beziehung aufrechtzuerhalten. Entsprechend wurde in Österreich das „Besuchsrecht“ vom „Kontaktrecht“ abgelöst, und in Deutschland spricht man vom „Umgangsrecht“.

4.1.3 Alltagssorge

Im Grundsatz gilt, dass jener Elternteil, der das Kind gerade betreut, in alltäglichen Angelegenheiten allein entscheiden darf. In dringlichen Fällen ist eine Alleinentscheidung ebenfalls zulässig, zum Beispiel wenn der andere Elternteil nicht mit vernünftigem Aufwand zu erreichen ist. Wenn Gefahr im Verzug ist (z.B. bei Unfällen oder Blinddarmdurchbruch) oder das Kindeswohl akut gefährdet, sind die Elternteile auch bei gemeinsamem Sorgerecht berechtigt, alle Rechtshandlungen allein vorzunehmen, die für das Kindeswohl notwendig sind, wovon allerdings der andere Elternteil unverzüglich unterrichtet werden muss.

Es handelt es sich in diesem Fällen also um Bereiche der Alltagssorge, die analog der Elternschaft in der Kernfamilie keine Zustimmung des anderen Elternteils erfordern. Unabhängig davon, ob das Sorgerecht einem Elternteil zugeteilt ist oder die Eltern nach der Scheidung die Sorge über die Kinder teilen, entscheidet der Elternteil, bei dem das Kind vorwiegend lebt und seinen Lebensmittelpunkt hat, allein über die alltäglichen Dinge. Das ist die sogenannte Alltagssorge. Der Elternteil, dem die Obhut zugeteilt ist, braucht sich somit nicht in seinen Erziehungsstil „hineinreden“ zu lassen.

Zur Alltagssorge gehören alle Entscheidungen in Angelegenheiten des täglichen Lebens, die nicht existentiell sind, die häufig vorkommen und die keine schwer abzuändernden Auswirkungen auf die Entwicklung des Kindes haben. Die Alltagssorge umfasst zum Beispiel folgende Bereiche:

- Organisation des täglichen Lebens,
- Ernährung,
- Bekleidung,
- Freizeitgestaltung des Kindes,
- Kontakte mit Verwandten und Freunden,
- kleine medizinische Behandlungen oder Untersuchungen (nicht aber Operationen, kieferorthopädische Behandlungen und dergleichen).

Wenn es jedoch um grundlegende Entscheidungen geht, muss sich bei gemeinsamer Sorge der obhut- bzw. alltagssorgeberechtigte Elternteil mit dem anderen Elternteil in Verbindung setzen und mit diesem zusammen eine gemeinsame Lösung finden. Dies betrifft hauptsächlich Entscheidungen bei der Schulauswahl, einem längeren Auslandsaufenthalt des Kindes (z.B. Austauschschuljahr), größeren Krankheitsbehandlungen, Fragen der religiösen Erziehung oder über den Aufenthaltsort des Kindes.

Kommen Zweifel auf, welche Entscheidungen noch unter die Alltagssorge fallen und welche das Sorgerecht betreffen, lohnt sich der Vergleich mit der vollständigen Familie: die Alltagssorge über Kinder von getrennten Eltern unterscheidet sich nämlich kaum von der Alltagssorge über Kinder in vollständigen Familien. Auch in vollständigen Familien werden Kinder unter der Woche selten von beiden Eltern gleichzeitig betreut. Entsprechend hat der jeweilig betreuende Elternteil im Alltag eine Reihe von Entscheidungen zu treffen: Im Rahmen seines ihm zustehenden Haushaltsgelds bestimmt er selber, was am Mittag auf den Tisch kommt, welche Kleider die Kinder tragen, und er hütet über die spontane Freizeitgestaltung der Kinder. Auch in vollständigen Familien vertreten Eltern unterschiedliche Meinungen, was die Wünsche und Interessen der Kinder betreffen: Soll das Kind Klavier oder Geige spielen oder eher in den Fussballclub gehen? Soll der 12-jährigen Tochter erlaubt werden, sich die Haare zu färben oder den Bauchnabel piercen zu lassen? Darf dem 10-jährigen Sohn erlaubt werden, mit der Familie seines Freundes ins Ausland zu verreisen?

Tatsächlich geraten auch Kinder aus vollständigen Familien vorübergehend in Loyalitätskonflikte wenn Erziehungsfragen zu konflikthaften Auseinandersetzungen zwischen den Eltern führen. Finden zusammenlebende Eltern keine einvernehmliche Lösung, setzt sich nicht immer der Elternteil mit den kindeswohlverträglicheren oder überzeugenderen Argumenten durch: Oft bestimmt der Elternteil, welcher mehr Einfluss auf das Kind hat, oder der Elternteil, der die Macht über die finanzielle Situation der Familie hat. Ungünstige Entscheidungen des durchsetzungsfähigeren Elternteils sind für das Kind zwar frustrierend, aber in der Regel aushaltbar. Bei einer zu eng verstandenen

Alltagssorge in der vergleichbaren Trennungsfamilie belasten die damit einhergehenden Streitigkeiten der Eltern das Kind weit mehr.

Grundsätzlich kann davon ausgegangen werden, dass die Alltagssorge Entscheidungen betreffen, welche auch in vollständigen Familien von einem Elternteil gegen den Willen des anderen Elternteils getroffen werden können. Weigert sich der getrennt lebende Elternteil, die Klavierstunden zu berappen, weil er sich für seinen Sohn lieber im Fussballclub gesehen hätte, ist es dem anderen Elternteil freigestellt, dem Sohn den Unterricht im Rahmen seines ihm zustehenden Unterhaltsbeitrags zu ermöglichen. Grenzen bestehen da, wo die Entscheidung den persönlichen Kontakt zum getrennt lebenden Elternteil berührt, etwa wenn dieser mit dem Kind Klavier üben soll.

Bei unterschiedlichen Haltungen in Bezug auf sorgerechtsrelevante Entscheidungen tun Sie als Eltern gut daran, sich auf eine Fachperson oder Instanz ihres Vertrauens zu einigen und sich zu verpflichten, deren „Schiedsgerichtentscheid" zu akzeptieren.

4.2 Modalitäten des üblichen Kontaktrechts

Das „Kontaktrecht", „Umgangsrecht" oder eben „Besuchsrecht" bezeichnet den Kontakt desjenigen Elternteils mit einem minderjährigen Kind, bei dem das Kind nicht lebt bzw. nicht seinen Lebensmittelpunkt hat. Nebst dem direkten persönlichen Kontakt umfasst es auch den telefonischen und schriftlichen Verkehr. Zum Umfang und zur Ausgestaltung des Umgangsrechts finden sich keine gesetzlichen Vorgaben.

Solange das Kind die Übergänge zwischen seinen Eltern nicht selbständig bewältigen kann, sieht das Recht vor, dass das Kind vom kontaktausübenden Elternteil abgeholt und wieder zurückgebracht wird. Aus psychologischer Sicht wäre es aber angebracht, dass das Kind jeweils von einem Elternteil zum anderen gebracht wird. Damit können die Eltern dem Kind besser signalisieren, dass sie mit dem Aufenthalt einverstanden sind.

Das am häufigsten praktizierte Kontaktmuster umfasst zwei Wochenenden im Monat von Freitagabend oder Freitag nach Schulende bis Sonntagabend. Grundsätzlich wird der Umgang des Kindes in den Räumen des umgangsberechtigten Elternteils stattfinden. Das Kind kann so das Lebensumfeld des Elternteils kennenlernen, bei dem es nicht lebt, und eine eigenständige und tragfähige Beziehung zu diesem Elternteil entwickeln und erhalten. Dies schließt aber nicht aus, dass der Elternteil mit dem Kind auch Zeit bei seiner Verwandtschaft oder seinen Freunden verbringt. Was der Elternteil in der gemeinsamen Zeit mit dem Kind unternimmt und wer sonst noch dabei ist, darf er selber bestimmen. Der häufig vorgebrachten Forderung von obhutinnehabenden Eltern, dass das Kind ein Recht darauf hat, Zeit mit seinem anderen Elternteil allein verbringen zu können, lässt sich insofern begegnen, als das Kind primär ein Recht hat, in die Lebensrealität des Elternteils miteinbezogen zu werden. Dazu gehört mitunter auch, dass das Kind den neuen Partner bzw. die neue Partnerin seines Elternteils kennenlernt und zu diesem Zweck Zeit auch mit diesem verbringen muss.

Umgangszeiten, welche wegen des Kindes oder wegen des kontaktausübenden Elternteils ausfallen, werden in der Regel nicht nachgeholt. Ist es der hauptsächlich betreuende Elternteil, der einen Kontakt vereitelt, so sollte dieser nachgeholt Kontakt werden.

Es empfiehlt sich, die Häufigkeit und den Zeitpunkt der Telefon- oder elektronischen Direktkontakte zwischen den Umgangszeiten zu regeln. Der Vorteil, dass dadurch keine Erwartungen enttäuscht werden, überwiegt den Nachteil der fehlenden Spontanität.

Der Wunsch nach Telefonkontakten wird häufiger von den getrennt lebenden Eltern als von den betroffenen Kindern geäußert. Das liegt daran, dass das Telefon nicht das Medium der Kinder ist. Die meisten Kinder telefonieren nicht gern. Sie fühlen sich von diesem ausschließlich sprachbezogenen und zeitgebundenen Medium überfordert. Sie wissen nicht, was sie sagen sollen, und spüren, dass sie ihren Elternteil enttäuschen, wenn sie nur mit ja oder nein antworten. Wenn diese Kinder sich zunehmend weigern, mit dem Elternteil zu telefonieren und dieser diese Weigerung auf der Beziehungs-Ebene interpretiert und gekränkt darauf reagiert, droht die Gefahr, dass sich das Kind noch mehr zurückzieht und die Telefonierfrage tatsächlich zur Beziehungsprobe wird.

Abgesehen von den Wochenenden und den Telefonkontakten müssen die Eltern auch die Kontakte an den Feiertagen regeln. Abwechselnd verbringen die Kinder die Feiertage in den geraden Jahren bei dem einen Elternteil und in den ungeraden Jahren beim anderen Elternteil. Die Ferien werden zwischen den Eltern und mit den Arbeitgebern abgestimmt. Im Minimum steht es dem kontaktausübenden Elternteil zu, drei Wochen Ferien mit seinem Kind zu verbringen, wobei die Ferien drei Monate vorher angemeldet werden sollten.

Grundsätzlich muss sich jegliche Regelung des direkten und medialen Kontakts zwischen dem Kind und seinem getrennt lebenden Elternteil an den aktuellen Bedingungen orientieren und dem Kindeswohl zuträglich sein.

4.3
Zum Kontakt bei Kleinkindern

Der ausgedrückte Wille von meinungsfähigen Kindern stellt bei der Beurteilung von Kontaktregelungen und Obhutsverteilung ein wichtiges Indiz dar. Bei Kleinkindern indes fehlt diese Information weitgehend. Sind sich die Eltern nicht einig und streiten um die Betreuungszeit für den Nachwuchs, werden häufig Fachleute und Fachbehörden beauftragt, zusammen mit den Eltern eine kindeswohlverträgliche und entwicklungsgünstige Lösung zu erarbeiten.

Eine der schärfsten Kontroversen kreist um die Frage, ob und wenn ja wie oft Kinder unter 3 Jahren im Haushalt beider Eltern übernachten sollen. Ausgerüstet mit Forschungsbefunden dafür und dagegen setzten Befürworter und Gegner einander bis in die 1990er Jahre in dieser Frage patt, so dass über lange Zeit keine verlässlichen Erkenntnisse zur Verfügung standen und sich die Frage ausschließlich vor dem Hintergrund der Bindungstheorie beantworten ließ.

Aus bindungstheoretischer Sicht besteht zwischen Sicherung des Bindungsbedürfnisses von Kleinkindern und Elternkonflikt ein Zusammenhang. Die Konfliktausprägung ist ein entscheidenderes Maß für den Aufbau oder Nichtaufbau einer sicheren Bindung des Kindes zum anderen Elternteil als der Anteil der gemeinsam verbrachten Zeit.

Insbesondere bei einem Kampf um die Betreuungsverteilung vor den Behörden kann man ein Konfliktniveau annehmen, das die emotionale Sicherheit des Kleinkindes mit Sicherheit tangiert. Das Kind nimmt vor, während und nach den anstehenden Kontakten eine Anspannung seiner Bezugspersonen wahr. Die Spannung zwischen den Eltern spürt das Kind in erster Linie als Störung des gewohnten Rhythmus: Die Eltern sind anders als sonst, nämlich ungeduldiger, vielleicht lauter, in ihren Bewegungen hastiger, eventuell riechen sie anders, und in ihrem Gesicht fehlt der vertraute Ausdruck. Das Kleinkind ist irritiert und sieht die Fortsetzung seiner Versorgung gefährdet. Es reagiert zunächst körperlich, indem seine physiologischen Stressreaktionen hochgefahren werden. Da eine solche Anspannung in diesem Alter nur von der primären Bindungsperson aufgelöst werden kann, bleibt der Säugling oder das Kleinkind nach der Übergabe an die sekundäre Bindungsperson für längere Zeit in diesem Zustand. Seine Angstreaktion kann nicht heruntergefahren werden, und es entsteht Stress. Die damit einhergehende Ausschüttung von Stresshormonen ist für das sich entwickelnde Gehirn des Kleinkindes besonders schädlich. Daher sollte man Stress bei Kleinkindern verhindern.

Die Erfahrung hat gezeigt, dass Kinder spätestens, wenn sie ½ Jahr alt sind, mit Belastungssymptomen auf elterlichen Konflikt reagieren. Dabei spielt es in diesem jungen Alter für das Kind keine Rolle, ob sich die Eltern um Geld, die Obhut oder unterschiedliche Erziehungsvorstellungen streiten oder ob es vielleicht nur die Mutter ist, die den Konflikt aufrechterhält, während der Vater sich um kindeswohlverträgliche Kooperation bemüht.

Unterstützung erhielt die Bindungstheorie von der Stressforschung. Angekurbelt wurde dieser Forschungszweig von der Beobachtung, dass Kleinkinder sich äußerlich sehr rasch an die stressigen Umstände gewöhnen, dass diese scheinbare Anpassung aber oft mit einem apathischen Verhalten dieser Kinder einhergeht. So vehement und lautstark Kleinkinder ihr Unwohlsein anfänglich zum Ausdruck bringen, so schnell kapitulieren sie, wenn sie die Erfahrung machen, dass ihre Reaktion nicht auf Resonanz stößt und keine Veränderung bewirkt. Die Kapitulation zeigt sich in einer „bedingten Bindungsstrategie", mit der das Kind in scheinbarer Anpassung an die unangenehme Situation bemüht ist, das Wohlwollen der primären Bindungsperson nicht auch noch zu verlieren und sich dadurch möglichst viel emotionale Stabilität zu erhalten. Scheinbare Anpassung stellt sich noch schneller ein, wenn das Kind die Erfahrung macht, dass sein Ausdruck von Unwohlsein von der Bezugsperson nicht geduldet oder sogar sanktioniert wird. Dass dieser äußerlichen Anpassung von Kleinkindern auch ein innerer Prozess zugrunde liegt, weiß man spätestens seit der Entdeckung des Hospitalismus: Die berichteten Beeinträchtigungen von hospitalisierten Kindern wurden lange Zeit vor dem Hintergrund beschädigter oder fehlender Bindungen zu einer Bezugsperson erklärt; den zugrundeliegenden Mechanismus kannte man noch nicht. Erst mit den Fortschritten der Stressforschung bei Kleinkindern in den 1990er Jahren wurde es möglich, die Konzentration des Stresshormons Cortisol im Speichel zu messen und so Aussagen über den körperlichen und psychischen Stress der von ihren Bezugspersonen getrennten Kleinkinder zu machen.

4.3.1 Entscheidungskriterien für die Kontaktregelung bei Kleinkindern

Es ist unbestritten, dass eine Vaterschaft einen Mann verändert, und zwar unabhängig davon, ob er mit dem Kind und der Kindesmutter zusammenlebt oder nicht. Das Nähe-Hormon Oxytocin wirkt auch bei Vätern. Entsprechend kann eine Vaterschaft mit einem großen Bedürfnis nach möglichst viel Nähe mit dem eigenen Kind einhergehen. Im Unterschied zur Mutter, welche das Kind bereits neun Monate in ihrem Körper getragen hat und die biologische Mutterschaft nicht leugnen kann, ist der Vater aber erst nach der Geburt in der

Lage, zu seinem Kind in Beziehung zu treten. Wenn der Vater dem neugeborenen Kind in den ersten 6 Monaten neben der Mutter als verlässliche und verfügbare Bezugsperson zur Verfügung steht, ist er dem Kind vertraut. Es wird auf dieser Grundlage eine schützenswerte Beziehung zum Vater entwickeln, vorausgesetzt die Eltern bleiben zusammen. Trennen sich die Eltern jedoch räumlich vor dem 6. Lebensmonat des Kindes, wird das Kind an den Vater nur dann eine Bindung entwickeln, wenn ihm der bislang vertraute Vater als verlässliche Bezugsperson weiterhin in ähnlichem Umfang wie die Mutter zur Verfügung steht.

Es versteht sich von selbst, dass solche Familien bei den Behörden selten vorstellig werden. Wir sind mit stark zerstrittenen Eltern konfrontiert, die das Vertrauen ineinander verloren haben. Es sind Elternpaare, bei denen die Mutter als primäre Bindungs- und Bezugsperson häufige und ausgedehnte Vater-Kind-Kontakte ablehnt. Die Ausgangslage ist noch akzentuierter, wenn die selber berufstätige Mutter dem Kind Kontakte zum Vater nicht zumutet, das Kind aber gleichzeitig in die Krippe bringt. Der verzweifelte Vater weist auf die Ausschließlichkeit und Wichtigkeit der Vater-Kind-Beziehung hin und erhofft sich beim Durchsetzen der nötigen Kontakte Unterstützung von der Behörde.

Bindungstheoretische Erkenntnisse hinsichtlich der Frage, wo Kleinkinder übernachten sollten, wurden von Väterorganisationen und väterorientierten Forschern lange angezweifelt. Erst die Resultate der Stressforschung vermochten diese Erkenntnisse zu unterstützen. Mittlerweile ist sich die Wissenschaft einig, dass bei jeglicher Ausgestaltung des Umgangs mit dem getrennt lebenden Elternteil die emotionale Sicherheit des Kindes an oberster Stelle steht und dass das Erleben von ausgeprägten und anhaltenden Elternkonflikten eine höhere psychische Belastung für das Kleinkind darstellt als ein reduzierter Elternkontakt, sofern ihm wenigstens eine vertraute, verfügbare und verlässliche Bindungsperson erhalten bleibt.

Daraus ergeben sich folgende fünf Konstellationen:

Fallbeispiel A

Die Eltern haben sich für eine klassische Rollenteilung entschieden, als Sina auf die Welt kam. Als Sina 19 Monate alt war, trennten sich die Eltern relativ konfliktfrei. Obwohl Sina bereits eine gute Bindung auch an den Vater entwickelt hatte, zeigte sie nach der Trennung ein Klammerverhalten in Bezug auf die Mutter. Sie zierte sich zunächst immer etwas, mit dem Vater mitzugehen, ließ sich aber von ihm stets gut ablenken und motivieren. Beide Eltern sind daran interessiert, dass Sina die Bindung an beide Elternteile aufrechterhält.

Trotz guter Ausgangslage erschüttert die elterliche Trennung das Bindungssystem des Kindes, was häufig in einem Klammerverhalten des Kindes an die verfügbarere Bezugsperson zum Ausdruck kommt. Die Bindungssicherheit und die Anpassungsleistung des Kindes an die neue Situation gilt es zu beachten. Eine Kontaktregelung mit einer Übernachtung pro Woche kann in Erwägung gezogen werden, wenn das Kind keine ausgeprägten Trennungsreaktionen zeigt. Dabei ist es günstig, die Zeitspanne der Trennung von der Mutter nicht überzustrapazieren, eventuell nur vom Nachmittag bis zum Vormittag des Folgetags. Von Vorteil ist, wenn derjenige Elternteil, bei dem sich das Kind hauptsächlich befindet, das Kind zum anderen Elternteil bringt und Letzterer es wieder zurückbringt. Ferienaufenthalte mit dem anderen Elternteil empfehlen sich erst nach dem 3. Geburtstag.

Fallbeispiel B

Auch die Eltern von Luca haben sich für eine klassische Rollenteilung entschieden. Der Vater war aber vor der Trennung hinreichend verfügbar, und Luca hat eine sichere Bindung auch an seinen Vater entwickelt. Die elterliche Trennung im 20. Lebensmonat von Luca war jedoch sehr konfliktreich. Der feindselige Konflikt äußerte sich unter anderem in Streitigkeiten über die Betreuungsregelung. Auch anlässlich der Übergaben von Luca gelang es den Eltern nicht, sich im Ton zu mäßigen.

Trotz guter Ausgangslage verändert der Konflikt die Situation für das Kind drastisch. Die Spannungen im Zusammenhang mit der strittigen Kontaktregelung werden das noch fragile Bindungssystem des Kindes destabilisieren. In solchen Fällen hält man die Eltern dazu an, in einer Mediation einen Konsens anzustreben.

Fallbeispiel C

Die Mutter des 9 Monate alten Stefan hat ihre Beziehung zum Kindesvater schon während der Schwangerschaft relativ konfliktfrei gelöst. Während Stefan in den ersten Monaten kaum reagierte, wenn der Vater ihn abholte, antwortete das Kind ab dem 8. Lebensmonat mit starkem Fremdeln darauf.

Fallbeispiel D

Die Eltern von Simona haben sich getrennt, als Simona 9 Monate alt war. Aufgrund der fehlenden Verfügbarkeit des berufstätigen Vaters hatte Simona an diesen noch keine ausschließliche Bindung entwickelt. Sie reagierte mit lautem Protest, wenn sie auch nur für kurze Zeit von der Mutter getrennt wurde. Entsprechend heftig waren ihre Reaktionen, wenn der Vater sie abholte.

Vorrangiges Ziel in diesen beiden Fällen C und D ist die Konsolidierung der primären Bindungsbeziehung. Dieser Prozess darf nicht gestört werden. Vermutlich wird das Kind in diesen Konstellationen keine ausschließliche Bindung an den Vater entwickeln, im besten Fall jedoch eine vertraute Beziehung. In Abhängigkeit von der Bindungsreaktion des Kindes bei der Trennung sollten die Kontakte des Vaters zunächst in Gegenwart der Mutter stattfinden und später mit ausreichendem Kontakt tagsüber gefördert werden. Vorgeschlagen werden circa zwei Kontakte von vier Stunden pro Woche. Bis zum 3. Geburtstag sollte das Kind nur ausnahmsweise beim Vater übernachten, und dies nur dann, wenn die Eltern einander vertrauen und dieses gegenseitige Vertrauen dem Kind auch vermitteln können.

In der Nacht entwickelt das Kind keine Bindung, im Gegenteil. Gerade die Nacht stellt für das Kleinkind eine bindungssensible Situation dar, weil Dunkelheit und Alleinsein das Bindungssystem aktivieren. Die Erfahrung zeigt, dass oft ein beträchtliches Ausmaß an Trost und Sicherheitsvermittlung nötig ist, um ein Kind bei nächtlichem Stress zu beruhigen. Selbst in intakten Familien mit zwei hochengagierten Eltern kann in diesen Situationen oft nur die Mutter das Kleinkind beruhigen. Ferienaufenthalte mit dem getrennt lebenden Elternteil sollte man grundsätzlich erst ab dem 3. Lebensjahr erwägen, und bis zum 6. Lebensjahr sollten sie die Dauer von einer Woche nicht überschreiten.

Fallbeispiel E

Die Eltern von Lilly haben sich sehr konflikthaft getrennt, als Lilly 6 Monate alt war. Beide möchten am liebsten nichts mehr miteinander zu tun haben, aber der Vater hängt an seiner Tochter. Er möchte diese so oft wie möglich bei sich haben, was zu weiteren Konflikten mit der Mutter führt.

Das Kind wird mit hoher Wahrscheinlichkeit keine Bindung an seinen Vater entwickeln, weil unter diesen Umständen jegliches Bemühen in diese Richtung dem Interesse des Kindeswohls zuwiderliefe. Der Betreuungsumfang des Kleinkindes für den getrennt lebenden Elternteil orientiert sich am Konfliktniveau der Eltern: Je brisanter der Konflikt, desto weniger Übergänge, also desto seltenere Kontakte. Trennungen von zunächst mehr als drei und später mehr als sechs Stunden von der primären Bezugsperson sollten vermieden werden. Von Übernachtungen vor dem 3. Geburtstag ist unter diesen Umständen abzusehen, und Ferienaufenthalte mit dem getrennt lebenden Elternteil von höchstens einer Woche sind erst nach dem 3. Geburtstag in Betracht zu ziehen. Verständlich ist die Beschwerde eines Vaters, der moniert, dass er sich bei einem Kontakt ausschließlich tagsüber wie ein Kindermädchen fühle und befürchtet, dass das Kind keinen Unterschied macht zwischen der gelegentlichen Babysitterin und ihm als Vater. Aber der Schutz der primären Bindung des Kindes geht in jedem Fall vor und steht über den Bedürfnissen des Vaters.

Falls die Obhut bei einem Elternteil bleibt und die Eltern den persönlichen Verkehr des anderen Elternteils mit dem Kind mit einem Kontaktrecht regeln, wird folgende Lösung vorgeschlagen: Soll das Kleinkind zu seinem getrennt lebenden Elternteil eine Bindung entwickeln, werden dafür häufigere, aber eher kürzere wöchentliche Kontakte von zwei bis drei Stunden notwendig sein. Im 1. Lebensjahr des Kindes oder idealerweise so lange, bis das Kind selbständig laufen kann, sollten die Kontakte am vertrauten Lebensort des Kindes stattfinden. Es ist hilfreich, den idealen Zeitpunkt am Kriterium der Mobilität festzumachen: Wenn das Kind sich fortbewegen kann, ist es in der Lage, sich selbständig aus Gefahrenzonen zu bewegen oder der Betreuungsperson mit einem entsprechenden Versuch seine Absicht zu zeigen.

Nach dem 3. bis zum 6. Geburtstag können die Besuche länger dauern und auch Übernachtungen enthalten, zum Beispiel jeden zweiten Samstag bis Sonntag. Zwar können sich die Besuchsintervalle vergrößern; empfohlen wird aber, dass sich die Elternteile und Kinder jede Woche einmal sehen.

4.3.2
Kontaktregelung bei Widerständen eines Elternteils

Die elterliche Trennung im Säuglingsalter des Kindes ist häufig Folge einer missglückten Umwandlung der Paarbeziehung in eine Dreierbeziehung und entsprechende Familienkonstellation. Beispielsweise beklagen Mütter, dass sie sich schon in der Schwangerschaft und anschließend in ihrer Anpassung an die Mutterschaft von den Vätern nicht unterstützt fühlten, während die Väter klagen, dass sie sich von der symbioseähnlichen Mutter-Kind-Beziehung ausgeschlossen und überflüssig fühlten und in die Betreuung und Pflege des Kindes nicht einbezogen wurden. Insbesondere in diesem Fall ist die Wahrscheinlichkeit hoch, dass die Mutter sich auch nach der elterlichen Trennung nicht vom Kind lösen und es dem Kindesvater vertrauensvoll übergeben kann. Allein die Kontaktstreitigkeiten verhindern, dass zwischen dem Kind und dem Vater eine schützenswerte Bindung entstehen kann.

Fallbeispiel

Ein verheirateter Mann schwängert in einer Außenbeziehung eine junge Frau. Diese Frau erhofft sich, dass der Mann sich von seiner Ehefrau trennt, was er nicht tut. Tief gekränkt und enttäuscht beendet die junge Frau die Beziehung noch während der Schwangerschaft. Als das Kind auf der Welt ist, fordert der Kindesvater einen regelmäßigen Kontakt zu ihm, während die Kindesmutter sich außerstande fühlt, dem Kindesvater gegenüberzutreten, und die Kontakte verweigert.

Auch in dieser Konstellation wird sich zwischen dem Kind und dem Vater unter diesen Umständen keine Bindung entwickeln. Ein erzwungener regelmäßiger Kontakt zwischen Vater und Kind dient in diesem Fall ganz klar nur dem Vater, der juristisch betrachtet ein Recht auf den Kontakt zu seinem Kind hat. Ein regelmäßiger Kontakt zum Kind in diesem Alter kann allenfalls bewirken, dass der Vater eine Beziehung zu seinem Kind entwickeln kann, das er noch gar nicht kennt. Aber das Kind wird den Vater nie als eine Bindungsperson verinnerlichen, wenn die Kindesmutter die Kontaktverweigerung aufrechterhält und unter Druck der Behörde allenfalls einem von ihr begleiteten wöchentlichen Kurzkontakt zustimmen kann.

Nach diesen Ausführungen versteht es sich von selbst, dass es unter solchen Bedingungen nicht im Interesse des Kindeswohls wäre, den Säugling für die Begegnungen mit dem Kindesvater von der Mutter zu trennen oder die Begegnungen von Drittpersonen begleiten zu lassen. Wenn die Kurzkontakte für die Kindesmutter emotional eine zu große Belastung darstellen, wird sich diese Belastung auch auf das Kind auswirken, das unter diesen Umständen mit Sicherheit nicht von den Vater-Kontakten profitiert.

Dieser Vater mag befürchten, dass er unter den gegebenen Umständen gar keine Chance hat, jemals eine Beziehung zu seinem Kind aufzubauen. Diese Befürchtung ist gerechtfertigt, zumal keine Behörde das Wunder vollbringen kann, Eltern-Beziehungen von Kindern, die aus schwierigen Paarbeziehungen entstanden sind, herzustellen oder zu garantieren. Aber auch Kinder, die aus unglücklichen Verbindungen entstanden sind, haben das Recht, ihre Eltern zu kennen.

Zunächst ist zu beachten, dass das Erinnerungsvermögen eines Kleinkindes noch sehr begrenzt ist. Im Alter von 6 Monaten kann sich das Kind nur an Ereignisse zurückerinnern, die höchstens 24 Stunden zurückreichen. Mit 9 Monaten kann es sich immerhin schon an Ereignisse erinnern, die vor einem Monat geschehen sind. Erst gegen Ende des 1. Lebensjahres setzen im Gehirn gravierende Veränderungen ein, in deren Verlauf sich auch die Speicherkapazität des Gehirns erhöht. Die Fähigkeit, ein Erlebnis mindestens vier Monate im Gedächtnis zu behalten, entwickelt sich erst im 2. Lebensjahr. Aber erst die Fähigkeit, Erfahrungen mit Worten zu beschreiben, prägt sie uns dauerhaft ins Gedächtnis.

Erzwungene Kontakte zwischen dem Kind und dem Vater in den ersten 3 Lebensjahren können nicht zum Ziel haben, dass sich das Kind später an diese Kontakte erinnert. Wenn Kontakte zwischen dem Kind und dem Vater in den ersten 3 Lebensjahren unter großem Druck zustande kommen, diese Erfahrung für das Kind mit einer großen Belastung einhergeht und nicht zuletzt diese Belastungsreaktionen dazu führen, dass der Kontakt abgebrochen werden muss, wird sich das Kind im Schulalter nicht mehr an den Vater erinnern. Hingegen könnte die Bindungsverunsicherung, die mit den erzwungenen Kontakten einhergegangen ist, das psychische System des Kindes nachhaltig beeinträchtigen. Daher muss bei den oft verzweifelten Bemühungen um einen Vater-Kind-Kontakt im Alter von 0 bis 3 Jahren sorgfältig Nutzen und Schaden abgewogen werden. Im Notfall muss der kontaktberechtigte Vater seine Bedürfnisse im Interesse der ungestörten Bindungsentwicklung des Kindes zu seiner primären Bezugsperson zurücknehmen und darauf vertrauen, dass ab dem 3. Geburtstag des Kindes regelmäßige Kontakte möglich werden können.

Für den konkreten oben beschriebenen Fall wird empfohlen, eine Beistandschaft bzw. Umgangspflegschaft zu errichten und den persönlichen Verkehr zwischen Kind und Vater bis zum vollendeten 3. Lebensjahr zurückzustellen. Die Sistierung hat das Potential, dass sich die Konfliktsituation der Eltern entspannt, und ist aus Sicht des Kindeswohls absolut vertretbar: Kommt es nämlich vorher unter Druck der Behörden tatsächlich zu wenigen Kontakten, die für die Mutter und das Kind traumatisch und auch für den Vater sehr belastend sind, ist die Wahrscheinlichkeit hoch, dass der Kontakt infolgedessen total und anhaltend abbricht.

Jedoch soll der Vater hinreichende Informationen über wichtige Ereignisse im Leben seines Kindes erhalten. Dazu gehört auch, dass sich der Vater anhand von Fotos und Videoaufnahmen ein Bild vom jeweiligen Entwicklungsstand seines Kindes machen kann. Die Kindesmutter ist gehalten, dem Beistand entsprechendes Material zur Verfügung zu stellen.

Nach vollendetem 3. Lebensjahr des Kindes wird man behördlicherseits eine erste begleitete Begegnung zwischen dem Vater und dem Kind organisieren. Nach diesem Treffen wird in Zusammenarbeit mit den Eltern die weitere Ausgestaltung des persönlichen Verkehrs besprochen und geregelt. Im Interesse des Kindeswohls wird man die Kindesmutter anhalten, das Kind altersentsprechend und kindeswohlverträglich vor der ersten Begegnung mit dem Vater über die leibliche Vaterschaft aufzuklären. Denn obwohl das Kind keine ausschließliche Bindung an seinen Vater entwickeln wird, darf der Beziehungsaufbau ab dem 3. Lebensjahr nicht gleichgesetzt werden mit einem Beziehungsaufbau zu einer fremden Person.

Die Ausschließlichkeit und Unersetzbarkeit von biologischen Eltern ist im kollektiven Unbewussten der Menschen tief verwurzelt. Nur damit ist das Phänomen zu erklären, dass Adoptivkinder ihren leiblichen, aber bisher unbekannten Eltern bei der ersten Zusammenführung um den Hals fallen und oft ein uneingeschränktes Beziehungsangebot machen. Wenn das Kind von einem biologischen Vater weiß und die Mutter diesen Vater nicht dämonisiert hat, wird es früher oder später ein Interesse an diesem Vater bekunden und ihn kennenlernen wollen, was für die Identitätsentwicklung des heranwachsenden Menschen wichtig ist.

4.4 Kontakt- und Betreuungsregelung bei Schulkindern

Häufigkeit, Regelmäßigkeit und Dauer der Kontakte sind den Bedürfnissen und Interessen des Kindes anzupassen und entsprechend auszugestalten. Zu berücksichtigen sind die Rahmenbedingungen, wie zum Beispiel Alter des Kindes, Arbeitszeiten der Eltern oder Entfernung der Eltern-Wohnorte. Seit der Einführung des gemeinsamen Sorgerechts als Regelfall zeichnet sich eine individuellere Gestaltung des ursprünglich starren Wochenend-Kontaktmusters ab, was zu begrüßen ist. Zum einen verhindert ein zusätzlicher Kontakt an einem Nachmittag unter der Woche zu große Abstände zwischen den Kontakten; das kommt der Eltern-Kind-Beziehung entgegen. Zum anderen erlaubt ein Kontakt unter der Woche dem getrennt lebenden Elternteil, das Kind auch in seinen Alltagsaufgaben zu begleiten, es zum Beispiel bei den Hausaufgaben zu unterstützen oder in den Musikunterricht zu begleiten. Dabei ist es nicht zwingend, dass diesem zusätzlichen Kontakt auch eine Übernachtung folgt. Übernachtungen werden tendenziell überbewertet. In der Nacht wird eine Bindung weder aufgebaut noch gelebt und auch keine Beziehung gepflegt. Es sei daran erinnert, dass auch viele Erwachsene es vorziehen, sich zum Schlafen nach Hause zu begeben, nachdem sie bei Freunden oder Verwandten zu Besuch waren.

Zusätzliche Übernachtungen unter der Woche im Rahmen einer Umgangsregelung sind dann sinnvoll, wenn das Kind dies wünscht oder wenn sich damit Synergien nutzen lassen, zum Beispiel wenn der hauptsächlich betreuende Elternteil einen Abendkurs besucht. Zusätzliche Übernachtungen empfehlen sich auch dann, wenn man damit bei angespannter Elternsituation einen Übergang vermeiden kann, zum Beispiel wenn das Kind am Folgetag direkt vom Elternteil in die Schule gebracht wird oder selbständig hingeht.

Ein wichtiges Kriterium für einen zusätzlichen Kontakt unter der Woche ist die räumliche Entfernung der beiden Elternwohnungen. Wenn der zusätzliche Kontakt dem Kind eine unverhältnismäßige Hin- und Rückreisezeit abverlangt, ist die Frage nach dem Nutzen dieses Kontakts aus der Sicht des Kindes und nicht des Elternteils zu beurteilen. Das Gleiche gilt, wenn der zusätzliche Kontakt den einzigen freien Nachmittag des Kindes betrifft und dieses daran hindert, Freizeit mit seinen Freunden zu verbringen.

Bei einem erweiterten Umgang im Rahmen der Möglichkeit, den persönlichen Verkehr von Schulkindern und deren Eltern individueller zu gestalten, handelt es sich *nicht* um einen Interessenausgleich zwischen den Eltern. Mehr noch als ein Regelkontakt muss sich eine erweiterte Kontaktregelung an den Bedürfnissen des Kindes orientieren. Dabei gilt es zu berücksichtigen, dass häufige Kontakte zum getrennt lebenden Elternteil dem Kindeswohl nicht in jedem Fall zuträglich sind.

4.5 Alternierende Obhut / Wechselmodell

Die Bestimmungen über die gemeinsame elterliche Sorge als Regelfall zielen darauf ab, die Rechtssicherheit unter den kooperationswilligen Ehegatten zu verbessern und dem getrennt lebenden Elternteil zusätzliche Möglichkeiten zu eröffnen, so dass er seine Chance, verantwortlich mitzuerziehen, tatsächlich wahrnehmen kann. Aus der gemeinsamen elterlichen Sorge kann der umgangsberechtigte Elternteil jedoch nicht das Recht ableiten, das Kind auch tatsächlich zur Hälfte zu betreuen. Nach wie vor wird bei einer Trennungsvereinbarung oder einer Scheidung einem Elternteil die Obhut zugeteilt, und man regelt den Umfang des persönlichen Verkehrs des anderen Elternteils mit dem Kind. In der Schweiz muss neuerdings das Gericht oder die Kindes- und Erwachsenenschutzbehörde die Möglichkeit einer alternierenden Obhut im Sinne des Kindeswohls prüfen, wenn ein Elternteil oder das Kind dies verlangt. In Deutschland hat am 1. Februar 2017 der Bundesgerichtshof entschieden, dass entgegen der bisherigen Rechtslage nunmehr auch das Familiengericht auf Antrag eines Elternteils gegen den Willen des anderen Elternteils das Wechselmodell anordnen kann. Sowohl hüben wie auch drüben sind die Gerichte also aufgerufen zu prüfen, ob ein Modell, bei dem die Eltern nach der Trennung ihre Kinder zu ähnlich großen Anteilen betreuen, im Interesse des Kindeswohls ist.

Anders als in der Sorgerechtsfrage werden bei einer mehr oder weniger gleichwertigen Betreuungsverteilung oder alternierenden Obhut höhere Voraussetzungen an die Elternschaft gestellt. Vom Kind wird die Flexibilität verlangt, sich in zwei Lebenswelten zu verwurzeln und die Übergänge ohne hohen Energieaufwand zu vollziehen – eine Lebensform, mit welcher viele Erwachsene überfordert wären.

Bei den folgenden Kriterien handelt es sich nicht um eine Checkliste, die sich einfach abarbeiten ließe. Vielmehr handelt es sich bei den zur Diskussion gestellten Kriterien um Farben oder Farbtöne, die in der Zusammenstellung eher harmonisch oder eher disharmonisch wirken, wobei manche Farben das Bild dominieren können. Die Voraussetzungen für eine alternierende Obhut sind sowohl auf der Elternseite als auch auf der Seite des Kindes verortet. Auf der Elternseite sind zunächst die Kriterien zu nennen, die auch bei der Bestimmung der alleinigen Obhut erfüllt sein müssen.

Die unterschiedliche Gewichtung der Kriterien können in einer Art Kompass dargestellt werden.

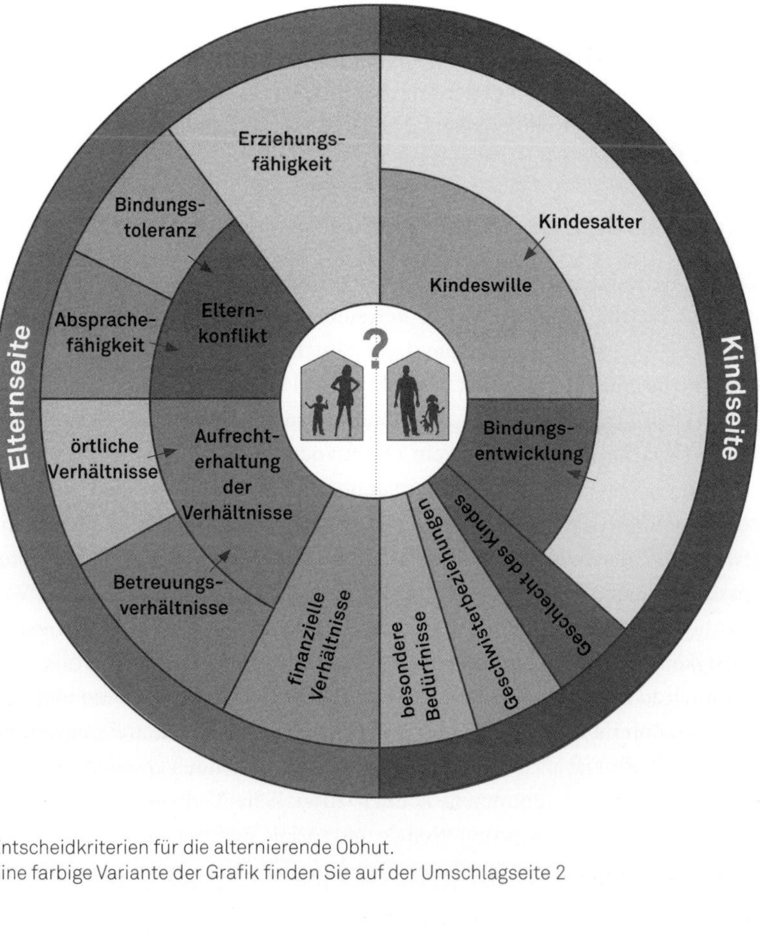

Entscheidkriterien für die alternierende Obhut.
Eine farbige Variante der Grafik finden Sie auf der Umschlagseite 2

4.5.1 Entscheidungskriterien auf der Elternseite

Erziehungsfähigkeit bzw. Erziehungseignung

Die Anordnung der alternierenden Obhut setzt die Erziehungseignung beider Eltern voraus. Wenn sich Eltern um die Betreuungsanteile streiten, jedoch die Kinder vor der Trennung mehr oder weniger gemeinsam betreut haben, geht man davon aus, dass beide Eltern erziehungsfähig sind.

Bindungstoleranz

Im Streit um die Betreuungsanteile gilt es, die Bindungstoleranz zu beurteilen. Unter „Bindungstoleranz" ist der Wille eines Elternteils zu verstehen, dem Kind die Beziehung zum anderen Elternteil explizit zu erlauben und die Kontakte zu unterstützen. Es kann sein, dass eine nicht hinreichende Bindungstoleranz der einzige Grund ist, warum sich ein Elternteil gegen eine alternierende Obhut ausspricht. Mit mangelhafter oder fehlender Bindungstoleranz können bei sonst hinreichender Erziehungseignung auch unangemessene Loyalitätsforderungen einhergehen, Entfremdungsabsichten oder das Hineinziehen des Kindes in den Elternkonflikt.

Aufrechterhaltung der stabilen Verhältnisse

Welche Betreuungsregelung verändert den Lebensalltag des Kindes am wenigsten? Welche Aspekte über die Betreuungsverteilung hinaus besitzen das Potential, die psychische und physische Situation des Kindes zu stabilisieren oder die bestehende Stabilität aufrechtzuerhalten? Dieses Kriterium wird im juristischen Diskurs auch als „Kontinuitätsprinzip" bezeichnet. Hintergrund ist die Tatsache, dass das Kind kein Trabant oder Anhängsel seiner Eltern ist.

Schon kurz nach seiner Geburt interagiert der Säugling in einem sozialen, zeitlich und örtlich bestimmten Raum. Er passt sich an diesen Raum und die jeweiligen Umstände an und macht sich diesen Raum mit Assimilationsprozessen zu eigen. Dabei entwickelt sich eine nicht beliebig austauschbare Vertrautheit oder Heimat. Unter Berücksichtigung der psychologischen Gesetzmäßigkeit, dass die Vertrautheit oft schwerer wiegt als das Bedürfnis nach Aufbruch zu neuen Ufern, nimmt man in aller Regel an, dass insbesondere für das noch unreife Kind eine Kontinuität des psychosozialen Betreuungsumfeldes vorteilhafter ist als eine Veränderung. Einschneidende Veränderungen der bisher praktizierten Betreuung können zusätzliche Verlusterfahrungen zur Folge haben und dem Kind emotionale und soziale Ressourcen nehmen, die es bei der Bewältigung der familiären Trennung benötigt. Dabei beziehen sich die für das Kind belastenden Änderungen nicht nur auf den zeitlichen Umfang der Betreuung. Auch qualitative Aspekte spielen eine Rolle. Wurde das Kind beispielsweise regelmäßig von der Mutter zu Bett gebracht, während der Vater für andere Betreuungsaufgaben zuständig war, so kann eine abrupte Änderung gerade kleine Kinder stark verunsichern.

Haben die Eltern vor der Trennung ein klassisches Rollenmodell gelebt, wird sich im Leben des Kindes zwar tatsächlich dann am wenigsten verändern, wenn es nach der Trennung weiterhin hauptsächlich von seiner nicht berufstätigen Mutter betreut wird. Aber ob dies für das Kind das Beste ist, lässt sich aus psychologischer Sicht ohne Berücksichtigung zusätzlicher Kriterien nicht ohne weiteres beurteilen. Dass zum Beispiel die Mutter das Kind bis zur Trennung hauptsächlich allein betreut hat, ist kein Garant für eine kindeswohlförderliche Bindungs- und Beziehungsqualität zwischen der Mutter und dem Kind. Beispielsweise sind Konfliktfähigkeit und Frustrationstoleranz in diesem Zusammenhang wichtige Aspekte, wenn die Erziehungskompetenz des Elternteils beurteilt wird. So kann eine nicht außerhäuslich arbeitstätige Kindesmutter für ihre Kinder zeitlich immer verfügbar gewesen sein und es dennoch nicht geschafft haben, eine tragfähige vertrauensvolle Beziehung zu ihnen aufzubauen.

Grundsätzlich kann man annehmen, dass die Stabilität der familiären Verhältnisse bei geteilter Obhut dann gewahrt bleibt, wenn die Eltern bereits vor der Trennung die Kinder zu gleichen Teilen betreut und erzogen haben. Es wäre aber vermessen zu behaupten, dass sich für das Kind mit der geteilten Obhut kaum etwas ändert, weil es Beziehungen und Bindungen vergleichbar zur intakten Familie pflegen könne. Das Ganze ist eben mehr als die Summe seiner Teile: Für das Kind ist es zweierlei, ob es von einander zugewandten Eltern abwechselnd in seinem Zuhause betreut wird oder von unverträglichen Eltern in zwei unterschiedlichen Domizilen.

Viele Elternteile, die bei der Familiengründung mit dem Partner ein klassisches Rollenmodell vereinbart und bis zur Trennung auch gelebt haben, sehen in dem Kriterium „Stabilität der Verhältnisse“ ein Killerkriterium. Sie monieren, dass es ihnen aufgrund dieser Forderung unmöglich ist, sich fortan zu gleichen Teilen an der Kinderbetreuung zu beteiligen. Dies mag auf viele Fälle zutreffen. Aber der Schutz der kindlichen Bedürfnisse steht über dem Bedürfnis der Eltern: Kleine Kinder brauchen stabile Betreuungspersonen (vgl. Kap. 4.3.1) und ältere Kinder stabile örtliche und soziale Verhältnisse.

Man kann davon ausgehen, dass zukünftige Eltern bereits bei der Familienplanung entschieden haben, ob und inwieweit sie Betreuungsaufgaben übernehmen wollen, und ihre berufliche Karriere mit ihren Betreuungsbedürfnissen abgestimmt haben.

Persönliche Betreuung

Das Kind hat grundsätzlich das Recht, von den eigenen Eltern betreut zu werden, wenn diese dazu fähig und bereit sind. Es stellt sich die Frage nach der Verfügbarkeit der Eltern. Beantragt eine Mutter die alleinige Obhut, obwohl sie das Kind nicht selber betreuen kann, während der Vater das Kind in der Abwesenheit der Mutter persönlich betreuen könnte, ist zu prüfen, ob sich mit einer geteilten Obhut eine Fremdbetreuung verhindern lässt. Auch wenn beide Eltern voll berufstätig waren und sind und das Kind schon vor der Trennung nicht selber betreuen konnten, so dass das Kind vor wie nach der Trennung wochentags von einer Tagesmutter betreut wird, ist die alternierende Obhut theoretisch möglich, es sei denn, das Zirkulieren zwischen den nunmehr mindestens drei Lebenswelten „Vater, Mutter, Tagesmutter“ überfordert das Kind. In diesem Fall könnte es sich empfehlen, die Anzahl der Übergänge pro Woche zu reduzieren.

Beansprucht ein Vater die geteilte Obhut und plant, das Kind während seiner beruflichen Abwesenheit von seiner Mutter, der Großmutter des Kindes, betreuen zu lassen, ist diese Forderung abzulehnen, wenn es sich um ein Kleinkind handelt und die Mutter selber das Kind betreuen möchte, es sei denn, dieses Betreuungsmodell entspricht der Kontinuität der Verhältnisse. Handelt es sich um ein Kind im Schulalter oder um ein Kleinkind, das auch in der vollständigen Obhut der Mutter fremdbetreut werden müsste, müssen sich die gemeinsam sorgeberechtigten Eltern über die Modalitäten der Fremdbetreuung einig werden. Ist dies nicht möglich, wird die Fähigkeit zu einer hinreichend konstruktiven Kommunikations- und Streitkultur über die Betreuungsfrage hinaus geprüft.

Elternkooperation und Elternkonflikt

Die alternierende Betreuungsregelung erfordert einige organisatorische Maßnahmen und gegenseitige Information. Dies setzt Kooperationsbereitschaft und -fähigkeit der Eltern voraus. Je höher der Koordinationsbedarf (z. B. bei jüngeren Kindern und bei Kindern mit besonderen Bedürfnissen), desto höher sind die Anforderungen an die Kooperation der Eltern. Eltern mit geteilter Obhut müssen bereit sein, über die zwei Wohnsitze des Kindes ein fiktives Dach zu spannen. Sie müssen dem Kind zumindest gedanklich eine Überschneidung der beiden Lebensbereiche ermöglichen, indem zum Beispiel über den anderen Elternteil und den Alltag in der anderen Lebenswelt gesprochen werden kann.

Bei der Beurteilung des Elternkonflikts als nahezu wichtigstes Kriterium für die wechselnde Kinderbetreuung ist die Forschungslage wenig hilfreich, zumal Elternkonflikte in ihrer Qualität und Dynamik kaum quantifizierbar sind. Neben Ausmaß und Dynamik ist nicht zuletzt auch der Inhalt des Konflikts von Bedeutung. Liegt dem Elternkonflikt eine Gewalt-, Macht- oder Kontrolldynamik zwischen persönlichkeitsauffälligen Eltern zugrunde, ist eine alternierende Obhut kaum im Interesse des Kindeswohls. Wenn sich hingegen zeigt, dass sich der Elternkonflikt erst im Rahmen der Obhutsfrage akzentuiert und sich einzig auf die Unstimmigkeit in Bezug auf die Betreuungsanteile und Unterhaltszahlungen bezieht, kann der Elternkonflikt nicht als ausschlaggebender Grund gegen die alternierende Obhut aufgeführt werden, insbesondere wenn es sich um ein älteres Kind handelt. Dazu müsste sich zeigen, dass die Zusammenarbeit der Eltern auch in Bezug auf andere gewichtige Kinderbelange nicht gegeben ist.

Fallbeispiel

Die Familienplanung eines jungen Elternpaars gründete ganz klar auf einer klassischen Rollenteilung, von der beide Eltern überzeugt waren. Die Mutter gab nach der Schwangerschaft ihren Beruf auf und kümmerte sich fortan nur noch um das Haus und das Kind, während der Vater eine Arztpraxis führte. Nach der Trennung kam der Vater von seiner ursprünglichen Überzeugung ab, stellte einen Teilhaber an und verlangte die alternierende Obhut. Während die Trennung noch einvernehmlich stattfand, verschlechterte dieser Konflikt die Beziehung zwischen den Eltern massiv.

Dieses Fallbeispiel zeigt deutlich, dass die Unterscheidung von betreuungsanteilebezogenen Konflikten gegenüber anderen Konflikten auch sehr künstlich sein kann. Wenn der Konflikt um Betreuungsanteile auf einer tiefgreifenden Kränkung oder unüberwindbaren Verlusterfahrung beruht, kann er sich wie im obigen Beispiel zu einem Flächenbrand ausweiten.

Auch bei schwerwiegenden Konflikten wird zuweilen eine alternierende Obhut als Übergangsmodell empfohlen, wenn allein dadurch der Auszug eines Elternteils aus dem bis dahin gemeinsamen Haushalt möglich wird. Dies wäre beispielsweise der Fall, wenn der zum Auszug bereite Elternteil nicht ohne sein Kind gehen will, das weitere Zusammenleben aber unmöglich ist und das Kind selbst sich nicht für einen Elternteil entscheiden kann, bei dem es künftig wohnt. In dieser Konstellation könnte die alternierende Betreuung einem Elternteil erlauben, die Wohnung zu verlassen, ohne dass er oder sie den Verlust des Kindes befürchten müsste. Zudem könnte eine solche Übergangslösung dem Kind ermöglichen, eine alternative Lebenssituation zu erproben. Es ist wünschenswert, dass solche Vorgehensweisen im Rahmen von interventionsorientierten Begutachtungen[4] häufiger und unbürokratisch erprobt werden können.

Geographische Nähe

Es liegt auf der Hand, dass das Kind nicht an zwei verschiedenen Orten zur Schule gehen kann. Diskutiert wird die Frage, ob es dem alternierend betreuten Kind zuträglich ist, vom weiter weg wohnenden Elternteil in die Schule gefahren zu werden. Von einer solchen Regelung ist Abstand zu nehmen. Unter optimalen Bedingungen kann man dem Kind zwar den Wechsel zwischen zwei Wohnorten zumuten, aber seine soziale und räumliche Umwelt außerhalb des Elternhauses sollte konstant bleiben. Das entspricht auch der Forderung, dass ein Kind seinen Schulweg möglichst allein zurücklegen soll. Als Faustregel kann gelten, dass das schulpflichtige Kind den Weg zwischen den beiden Wohnorten allein bewältigen kann, ob nun zu Fuß oder mit dem Fahrrad.

Unterhaltsregelungen

Zwar ist die Höhe der Unterhaltszahlung keine primär psychologische Frage; aber viele Experten sind sich darüber einig, dass der Streit um die alternierende Obhut stark vom monetären Aspekt motiviert ist. Und da sich letztlich jeder elterliche Streit auf die Kinder auswirkt, wirkt sich auch die Unterhaltszahlung oder die Frage, ab welchem Kindesalter die Mutter wieder arbeiten gehen soll, auf das Kindeswohl aus. Der Streit ums Geld ist für Kinder so oder so problematisch, ob sie den Grund für den Streit kennen und miteinbezogen werden oder ob die Eltern so tun, als ob es im Streit um etwas ganz anderes ginge. Im letzteren Fall ist das Kind irritiert und entwickelt Phantasien, worüber die Eltern sich streiten. Schlimmstenfalls gelangt es zu der Annahme, dass es selber der Grund dafür ist. Wird das Kind in die monetären Auseinandersetzungen einbezogen, entwickelt es Existenzängste oder hält einen Elternteil für den Täter, weil dieser offenbar nicht genug bezahlt.

Es ist nicht von der Hand zu weisen, dass der Uneinigkeit der Eltern in Bezug auf eine alternierende Obhut häufig ein finanzieller Verteilungskampf zugrunde liegt: Mütter fürchten um die finanzielle Entschädigung, welche ihnen

---

4 Bei der interventionsorientierten Begutachtung handelt es sich um eine Kombination von Diagnostik, Evaluation und intervenierender Einflussnahme durch den Gutachter. Der Gutachter berät, führt Mediation durch, erprobt vorläufige Maßnahmen und evaluiert anschließend diese Maßnahmen. Damit schafft er die Grundlage für eine Entscheidung durch die Behörde.

für die Betreuung der Kinder zusteht. Väter versprechen sich von der zusätzlichen Betreuung der Kinder Entlastung von Unterhaltszahlungen. Dabei gehen Väter nicht selten von der Annahme aus, dass man die Betreuung von Kindern auch nebenher leisten könnte. Wollen Eltern ihre Kinder im Rahmen einer alternierenden Obhut selber betreuen und erziehen, darf erwartet werden, dass die Eltern mehr tun als die Kinder nur zu beaufsichtigen.

Persönliche Betreuung und Homeoffice

Fallbeispiel

Der Vater von drei schulpflichtigen Kindern beansprucht die alternierende Obhut. Er ist Geschäftsführer eines Kleinunternehmens und arbeitet zu mindestens 100 Prozent. Er versichert, dass er seine Arbeitszeit nicht zu reduzieren braucht, um seine Kinder zu betreuen, weil er einen Teil seiner Arbeit im Homeoffice verrichten könne, wenn die Kinder in der Schule sind oder schon schlafen.

Im Zusammenhang mit der Obhutszuteilung wird häufig der Begriff „Homeoffice" ins Feld geführt. Unter „Homeoffice" oder „Telearbeit" versteht man das regelmäßige Arbeiten außerhalb der betrieblichen Räumlichkeiten eines Arbeitsgebers. Obhutfordernde Elternteile, deren oft hochprozentige Erwerbstätigkeit mit der Betreuungstätigkeit interferiert, argumentieren häufig, dass sie einen Großteil ihrer Erwerbsarbeit zu Hause verrichten können, wenn die schulpflichtigen Kinder in der Schule oder die Kleinkinder bereits im Bett sind. Obwohl es durchaus möglich ist, sich in den „kinderfreien" Zeiten mit eigenen Projekten zu befassen, gilt es einige Punkte zu bedenken:

Es versteht sich von selber und ist auch belegt, dass bei Homeoffice die Konzentration auf die Arbeit stärker herabgesetzt ist als bei der Arbeit in Betriebsräumen. Die Arbeit ist immer präsent, egal ob der PC auf dem Küchentisch oder im Arbeitszimmer steht, denn auch die gedankliche Beschäftigung mit der Arbeit ist ein Bestandteil des Homeoffice. Das Aufschieben von Arbeiten ist zwar besser möglich, geht aber mit einer dauernden gedanklichen Beschäftigung einher: „Ich sollte dringend ...", „Das darf ich nicht vergessen" et cetera. Mit dem Verlassen des Arbeitsortes nach Feierabend ist es legitim, auch gedanklich abzuschalten und sich nunmehr auf die Kinder zu konzentrieren. Wenn der Arbeitsplatz aber in den Wohnräumen steht, ist der Job immer präsent. Dies kann insofern zu Problemen führen, als der Elternteil auch bei Anwesenheit der Kinder mit der Arbeit beschäftigt ist.

Insbesondere für Kinder im Vorschulalter ist die mentale Abwesenheit und damit einhergehende fehlende Verfügbarkeit eines Elternteils sehr schwer zu verstehen und zu akzeptieren. Die Tatsache, dass der Elternteil keine Zeit für sie hat, kann dazu führen, dass sich die Kinder abgelehnt fühlen und infolgedessen besonders lästig und ungezogen werden. Dadurch wird der Elternteil beim Arbeiten häufig unterbrochen. Weil sich der Elternteil weder auf die berufliche noch auf seine Elternrolle voll einlassen kann, ist er mit dem Gefühl konfrontiert, in keiner der beiden Rollen zu genügen. Darüber hinaus bedingen die häufigen Arbeitsunterbrechungen in kurzen Intervallen und die kurzen Arbeitsphasen einen hohen Konzentrationsanspruch. Diese Arbeitsunterbrechungen sind energieaufreibend und erschöpfend. Legt man die Arbeit zur Seite, fehlt die Energie für das Kind.

Nicht zuletzt konkurrieren die Verpflichtungen gegenüber den Kindern mit der Rechenschaft gegenüber dem Arbeitgeber. Der Stresszuwachs entsteht dadurch, dass keine Kollegen und kein Vorgesetzter, sondern nur die räumliche Umgebung einen Aufforderungscharakter hat. Die Motivation und Disziplin kann der Homeoffice-Arbeiter nur aus sich selber schöpfen. Grundsätzlich besteht die Gefahr, dass bei gewissenhaften Arbeitnehmern in höherer Stellung oder selbständig Erwerbstätigen im Homeoffice eher mehr geleistet wird als zu wenig. Der Rechtfertigungsdruck gegenüber dem Arbeitgeber oder der selbstauferlegte Arbeitsdruck ist hoch: Ist der Arbeitnehmer nicht am Arbeitsplatz, stellt sich nämlich viel schneller die Frage, welche Leistungen er erbringt. Es besteht die Gefahr, dass die ständige Nähe zur Familie trotz Mehrleistung zu einer Verringerung der Produktivität führt. Der Stress wird zum Teufelskreis und wirkt sich zweifellos auf die zu betreuenden Kinder aus.

4.5.2 Entscheidungskriterien auf der Kinderseite

Die Vorstellung, dass ein Kind einen Hauptwohnsitz braucht bzw. einen sicheren Ort, von dem aus es die Welt erkunden kann, ist wissenschaftlich nicht gesichert und lässt sich angesichts der wachsenden Mobilität der Gesellschaft nicht mehr aufrechterhalten. Besonders Großstadtkinder erleben oft zahlreiche Umzüge samt dazugehörigen Veränderungen des räumlichen und sozialen Umfeldes. Das Zuhause ist in erster Linie definiert durch Beziehungen und hängt nicht von der Dauer von Aufenthalten ab. Eine alternierende Obhut fordert vom Kind eine hohe Anpassungsleistung. Es wächst in zwei „Zuhauses" auf, was sowohl Vorteile als auch Nachteile mit sich bringt. Die Anpassung des Kindes an ein Pendeln zwischen zwei Welten hängt von verschiedensten Einflussfaktoren ab. Auf der Seite des Kindes ist dies neben der Konstitution und anderen Kriterien in erster Linie das Lebensalter.

Kinder von 0 bis 3 Jahren

Das Kind entwickelt seine Bindung an die zweite Bindungsperson in der Regel erst, wenn es 18 Monate oder älter ist und sich zunehmend auch die linke Hirnhälfte entwickelt. Die Areale der linken Hirnhemisphäre sind zuständig für die fortschreitende Sprachentwicklung, für zielorientiertes Verhalten, die Aggressionsregulation und vor allem für das wachsende Verständnis für die Gesetzmäßigkeiten des Lebens *(Theory of Mind)*[5] zwischen dem 3. und 4. Lebensjahr. Aus neurobiologischer Sicht wird daher eine hälftige Betreuung der Kinder nach einer elterlichen Trennung in den ersten zwei Lebensjahren als hochproblematisch eingeschätzt und ist nur Eltern vorbehalten, die das Kind wahrhaftig und tatsächlich von seiner Geburt an zu gleichen Teilen betreut haben.

Das Leitkriterium der Bindungstheorie ist es, größtmögliche emotionale Sicherheit des Kindes zu gewährleisten. Demgemäß gilt es bei der Obhutsfrage zunächst zu ermitteln, an welchen Elternteil das Kleinkind vor der elterlichen Trennung eine einzigartige und daher schützenswerte Bindung entwickelt hat. Der Maßstab hierfür ist – wie gesagt – die bisher gelebte Rollenverteilung und Familienstruktur der Eltern.

Vorstellbar ist ein Fall, in dem die Eltern sich die Versorgung und Betreuung des Kindes ab dem 6. Lebensmonat hälftig geteilt haben und sich trennen, als das Kind 2 Jahre alt ist. Ein Vater, der den Säugling bis zum 6. Lebensmonat zusammen mit der Mutter betreut hat und danach wieder Vollzeit auswärts arbeiten geht, ignoriert die Bedürfnisse des Kindes, wenn er anlässlich der Trennung, als das Kind 2 Jahre alt ist, die alternierende Obhut fordert. Selbst wenn sich dieser Vater außerhalb der Arbeitszeit intensiv mit dem Kind beschäftigt, kann die Betreuungsqualität des Vaters die Betreuungsquantität der Mutter zunächst nicht ausgleichen. Allerdings wäre ein starres Umgangsrecht von zwei Wochenenden im Monat in diesem Fall ebenfalls nicht im Interesse des Kindes.

Väter, die sich im jungen Alter ihrer Kinder trennen, mögen monieren, dass sie ohne alternierende Obhut nie die Chance haben, eine Bindung des Kindes an sich herbeizuführen, zumal sich die aus der Beziehungsqualität ergebende Vater-Bindung etwas später entwickelt und dazu hinreichende, zeitlich nahe Interaktionserfahrungen mit dem Vater nötig sind. Diesem Umstand lässt sich jedoch mit häufigeren und kürzeren Vater-Kind-Kontakten abhelfen. Bei Kontaktrechtstreitigkeiten infolge ausgeprägter Elternkonflikte steigt die Gefahr

5 Die *Theory of Mind* bedeutet die Fähigkeit, sich in die Gedanken anderer Menschen hineinzuversetzen. Diese Fähigkeit ist ein wichtiger Baustein der kindlichen Entwicklung. Die Theory of Mind bezieht sich auch auf das Verständnis für das Funktionieren des menschlichen Verstandes und den Einfluss, den dieser auf das jeweilige Verhalten ausübt.

einer Verunsicherung und Destabilisierung des Kindes infolge Trennung von der primären Bezugsperson, auch wenn das Kind nicht direkt Zeuge der Konflikte ist. Weil das Erleben von ausgeprägten und anhaltenden Elternkonflikten eine höhere psychische Belastung für das Kind darstellt als ein reduzierter Elternkontakt, müssen die Kontakte dementsprechend angepasst werden. Je jünger das Kind ist, desto mehr muss man zur Beurteilung von kindeswohlrelevanten Kriterien die Biologie bemühen, zumal im bio-psycho-sozialen Entwicklungsverständnis des Menschen der biologische Aspekt in der frühesten Entwicklung noch am deutlichsten zum Tragen kommt.

Eine alternierende Obhut mit zwei bis drei Übernachtungen pro Woche vor dem 3. Lebensjahr ist nur in Erwägung zu ziehen, wenn das Kind aufgrund einer hälftigen Rollenverteilung der Eltern keine Bindungshierarchie ausgebildet, sondern an beide Eltern gleichzeitig eine Bindung entwickelt hat und beide Eltern dem Kind als feinfühlige, vertraute und verlässliche Bezugspersonen zeitlich hinreichend zur Verfügung stehen. Theoretisch sind Übernachtungen von Kleinkindern beim getrennt lebenden Elternteil also möglich, wenn das Kind an beide Elternteile eine Bindung entwickelt hat und die Eltern kooperieren, sich respektvoll und wohlwollend begegnen und es demzufolge keine stressigen Übergänge von der primären zur sekundären Bindungsperson gibt. Diese Voraussetzungen sind am ehesten gegeben, wenn sich beide Eltern freiwillig für eine alternierende Obhut entscheiden. Auch dann werden beim Kleinkind Irritationen auftreten. Diese sind dem Kind aber zumutbar, da es sich von seiner zweiten feinfühligen Bindungsperson trösten lassen kann.

Wenn sich nun aber trotz guter Ausgangslage eine der Bindungspersonen vehement gegen eine alternierende Obhut stellt, verändert dies die Situation für das Kind. Eine strittige Obhut führt auch nach vorangegangener Gleichbetreuung zu Spannungen zwischen den Eltern und kann das noch zerbrechliche Bindungssystem des Kindes destabilisieren. In solchen Fällen legt man den Eltern nahe, in einer Mediation einen Konsens anzustreben. Bei unbegründetem Widerstand eines Elternteils gegenüber geteilter Obhut trotz vorangegangener Gleichbetreuung wird unter Umständen ein Obhutswechsel geprüft.

Vorschulkinder

Wurde vor der Trennung eine Familienstruktur gelebt, in der beide Eltern tatsächlich zu gleichen Teilen ihre Kinder betreut haben und vom Kind gleichermaßen als verfügbare, verlässliche und vertraute Bindungspersonen verinnerlicht worden sind, ist analog zu oben eine alternierende Obhut durchaus in Betracht zu ziehen, selbst wenn sich ein Elternteil dagegen wehrt. Aber indem die Eltern das Kind in ihrem Streit um Betreuungsanteile in den „Kaukasischen Kreidekreis" stellen und gleichzeitig an ihm ziehen, treiben sie es tiefer in den Loyalitätskonflikt. Je nach Ausmaß des Streits und Konflikts kann das zuvor an beide Eltern gebundene Kind eine Koalition mit dem Elternteil eingehen, von dem es sich subjektiv abhängiger fühlt, mit dem es sich besser fühlt oder der von ihm mehr Loyalität fordert. Es kann aber auch geschehen, dass sich das Kind an den Elternteil klammert, der ihm den Verbleib in der vertrauten Umgebung gewährleistet. In diesem Fall gilt es zunächst, das Kind in die Lage zu bringen, dass es nicht Stellung beziehen muss. Stellung zu beziehen braucht es nur dann nicht, wenn es den Eltern mit oder ohne fachliche Hilfe gelingt, ihr Hauptaugenmerk auf die Bedürfnisse des Kindes zu legen und ihm die emotionale Erlaubnis zu erteilen, dass es sich weiterhin von beiden Eltern betreuen lässt.

Man könnte nun davon ausgehen, dass dies auch für Kinder gilt, deren voll berufstätige Eltern sich in ihren ersten Lebensjahren zu gleichen Teilen *nicht* um die Betreuung des Kindes gekümmert haben und das Kind bis zum Schulalter weitgehend in der Kita oder von Tageseltern haben betreuen lassen. Dies ist aber nicht uneingeschränkt der Fall, zumal man nicht immer davon ausgehen kann, dass dieses Kind sichere Bindungen an beide Eltern entwickelt hat. Wurde das Kind zum Beispiel von der primären Bezugsperson zu einem für das Kind zu frühen Zeitpunkt getrennt, kann es durchaus sein, dass das Kind zur Mutter eine ängstlich-unsichere Bindung entwickelt hat, während sich in der späteren Bindungsentwicklung zum Vater eine hinreichend sichere Bindung mit nur schwach ausgeprägten Trennungsreaktionen zeigt. Wenn nun dieses junge Kind aufgrund seiner unsicheren Bindung auf die Mutter fixiert ist und ein Klammerverhalten zeigt, können unfreiwillige und längere Trennungen zu einer Retraumatisierung und einer anhaltend ängstlich-unsicheren Bindung führen.

Noch komplexer ist die Situation, wenn die alternierende Obhut nicht dem Betreuungsmuster vor der Trennung entspricht, die Vater-Kind-Beziehung nachweislich tragfähig und vertrauensvoll ist, der Vater aber die geteilte Obhut gegen den Willen der Mutter fordert. Infolge fehlender Ambivalenz und unreifer Bewältigungsstrategien in der Anpassungsphase ist die Gefahr groß, dass das Kind regelmäßig widerwillig auf die Übergänge zwischen den Eltern reagiert. Wenn die Eltern dieses Anpassungsproblem fälschlich als Ausdruck der Eltern-Kind-Beziehung interpretieren und sich darüber noch mehr in die Haare geraten, wird der Versuch einer alternierenden Obhut für das Kind zu einem Kräftemessen. Ist dies der Fall, ist von einer alternierenden Obhut gegen den Willen eines Elternteils eher abzusehen.

Wie man sieht, ist bei strittiger Obhut die Prüfung des Einzelfalls nicht leicht, weshalb oft Fachleute einbezogen werden müssen.

Der Kindeswille

Vorausgesetzt, die elternrelevanten Kriterien sind erfüllt, stellt spätestens vom Schulalter an der Wille des Kindes das wichtigste Kriterium dar: Ab dem 4. Lebensjahr wird das Kind immer fähiger, Trennungen auszuhalten. Seine Selbstregulation lässt es nun zu, Bedürfnisse länger aufzuschieben, und die Gedächtnisorganisation macht es möglich, dass es auf Erfahrungen zurückgreift. Das Kind hat eine *Theory of Mind* entwickelt und kann nun Gefühle, Bedürfnisse, Ideen, Absichten, Erwartungen und Meinungen anderer Menschen im Voraus einkalkulieren und das eigene und das Verhalten anderer durch Zuschreibung mentaler Zustände interpretieren. Weil damit die Voraussetzungen zu einer Willensbildung erfüllt sind, wird ab dem Alter von circa 4 Jahren das ausgedrückte Bedürfnis des Kindes unbedingt berücksichtigt, wenn es darum geht, dass es über ein Umgangsrecht hinaus alternierend beim Vater und der Mutter leben soll, obwohl dieses Kind in Bezug auf die Regelung der Betreuungsverhältnisse nach dem Gesetz noch lange nicht urteilsfähig ist.

Es gibt vielfältige Gründe, die das Kind zu einer stabilen, zielgerichteten und nachdrücklichen Willensäußerung in Bezug auf seine Lebenswelten veranlassen: Der Wille kann Ausdruck des Bedürfnisses nach der gelebten Familienstruktur sein oder Ausdruck der Beziehungsentwicklung, die auf gemeinsamen Erfahrungen zwischen dem Kind und beiden Elternteilen beruht. Im Loyalitätskonflikt kann der geäußerte Wille Ausdruck einer Bewältigungsstrategie sein, um die Belastung zu verringern. Seitens des Kindes sind zweierlei Bedürfnisäußerungen möglich:

a) Das Kind will nicht bei beiden Eltern leben.

Fallbeispiel

Der 6-jährige Simon und sein 8-jähriger Bruder Anton sind vor der Trennung der Eltern hauptsächlich von der Mutter betreut worden. Der Vater hat als Schichtarbeiter unregelmäßige Arbeitszeiten; in seiner Freizeit kümmerte er sich engagiert und verantwortungsbewusst um die Knaben. Diese haben denn auch eine gute Beziehung zum Vater, der die alternierende Obhut möchte. Sein Arbeitgeber ist bereit, seinen Einsatzplan mit den Betreuungszeiten abzustimmen.

Sowohl Simon als auch Anton können sich aber nicht vorstellen, bei beiden Eltern zu wohnen. Simon meint, dass er bei der Mutter bleiben will. Wer solle denn sonst nach seinen Hasen schauen, wenn er beim Vater wäre. Anton argumentiert, dass ihm dieser Wechsel zu stressig ist. Er habe keine Lust, ständig Taschen zu packen und daran denken zu müssen, was er beim Vater braucht. Es reiche ihm, wenn er das jedes zweite Wochenende machen müsse. Außerdem könne ihm die Mutter besser bei den Hausaufgaben helfen.

Der Vater kann die dezidierte Haltung seiner Söhne nicht verstehen. Er ist überzeugt, dass die Mutter die Kinder gegen eine alternierende Obhut eingenommen hat.

Bei grundsätzlich erziehungs- und kooperationsfähigen Eltern ist eine Betreuungsregelung, die dem Willen des Kindes entspricht, mit dem Kindeswohl vereinbar. Ob nun der eindeutige Wille des Kindes auf eine Beeinflussung durch einen Elternteil zurückzuführen ist, ist eine akademische Frage. Theoretisch wäre es möglich, dass das Kind aufgrund einer „bedingten Bindungsstrategie" (vgl. Kap. 4.3) keine alternierende Obhut will oder dass der Wille des Kindes Ausdruck einer anderweitigen Bewältigungsstrategie ist. In beiden Fällen wären Wille und Kindeswohl gleichgerichtet. Die vom Kind gewählte Bewältigungsstrategie verdient Unterstützung, und der Wille ist zu respektieren, es sei denn, die Gewährung des Kindeswillens geht mit einer Kindeswohlgefährdung einher oder schadet dem Kind in anderer Weise. Zu bedenken ist, dass Erziehung ohne Beeinflussung gar nicht möglich wäre und dass eine Beeinflussung nur vor dem Hintergrund einer engen Beziehung möglich ist. Ohne Beziehungsgrundlage lassen sich weder Kinder noch Erwachsene beeinflussen. Theoretisch ist es möglich und daher prüfenswert, dass es sich bei der engen Beziehung um eine Angstbindung handelt, bei der sich das Kind aus Angst vor dem Elternteil manipulieren oder mit falschen Versprechungen locken lässt, was aber bei einem erziehungsfähigen Elternteil kaum vorkommen dürfte.

Kritiker mögen zutreffend darauf hinweisen, dass nicht alle Bewältigungsstrategien von Kindern funktional und im Interesse des Kindeswohls sind. Wenn ein Kind zum Beispiel die Beziehung zu einem Elternteil opfert, um die Gunst des anderen Elternteils nicht zu verlieren, ist dies keine funktionale Strategie. Wenn jedoch ein Kind spürt, dass es ihm zu stressig ist, zwischen seinen einander nicht freundlich gesinnten Eltern zu pendeln, lieber an einem Ort richtig zu Hause sein und zum anderen Elternteil regelmäßig Kontakt haben möchte, ist nichts gegen diese Strategie einzuwenden.

b) Das Kind möchte am liebsten bei beiden Eltern leben.

Während jüngere und ambivalenzschwache Kinder sich bei strittiger Obhut eher mit der primären Bezugsperson solidarisieren, neigen ambivalenzfähige und auf Fairness bedachte Kinder im Schulalter häufig dazu, sich Entlastung zu verschaffen, indem sie sich selber unter den Kindeseltern „gerecht verteilen". Sie möchten keinen Elternteil benachteiligen. Und das ist nicht ganz unproblematisch: Bei strittiger Obhut droht die Gefahr, dass obhutfordernde Väter diese Tatsache ausnützen und ihre Kinder emotional mehr oder weniger subtil unter Druck setzen, was bei einer engen Vater-Kind-Beziehung häufig auch gelingt. In diesem Fall mag der Wunsch des Kindes, gleich viel Zeit mit beiden Eltern zu verbringen, Ausdruck einer Bewältigungsstrategie sein, die dem Kind ebenfalls zugestanden werden muss. Zwar ist es grundsätzlich nicht Aufgabe des Kindes, seine Eltern zufriedenzustellen oder psychisch zu kompensieren, aber in diesem Fall kann man davon ausgehen, dass das Kind an seinen Elternteil gebunden ist, den es nicht verletzen möchte. Vor diesem Hintergrund ist ein Zusammenleben mit diesem Elternteil durchaus vorstellbar.

Dem Vorwurf, dass der Elternteil, der gegen die alternierende Obhut ist, das Kind beeinflusst hat, lässt sich entgegnen, dass eine Beeinflussung nur auf der Grundlage einer guten Beziehung stattfinden kann. Wenn Elternteile den Vorwurf der Beeinflussung immer dann ins Feld führen, wenn Kinder den Kontakt zu ihnen ablehnen, hält dieser Vorwurf einer näheren Prüfung häufig nicht stand. Es wäre verfehlt, dem Kind immer dann zu unterstellen, es hätte sich beeinflussen lassen, wenn dessen Wunsch den Eltern nicht genehm ist.

Ist der Kindeswille aus Erwachsenensicht dysfunktional, so stellt sich im Einzelfall die Frage nach dem kurz- und langfristigen Kindeswohl. Unter Umständen fühlt sich das Kind besser, wenn es sich gegen sein Bedürfnis entscheidet, nur bei der Mutter zu leben, sich dafür aber als selbstwirksam und einflussfähig erlebt. Das Kind lernt jedoch dabei, dass es ihm nur gut geht, wenn es die Bedürfnisse seiner sozialen Umwelt befriedigt, und das ist der Nachteil. Wird der Wille des Kindes nicht gewährt, erlebt sich das Kind als hilflos und schuldig, weil es den Wunsch seines Vaters nicht erfüllt. Im besten Fall lernt es dieses Gefühl aushalten und wird stark dabei. Im schlechtesten Fall führt die erlernte Hilflosigkeit zu einem depressiven Verhaltensmuster. Prognostische Aussagen über mögliche Entwicklungen sollten grundsätzlich Fachleuten überlassen werden. Vermutet die Behörde, dass das Kind nicht frei entscheiden kann, wird sie bei Anhörungen einfache, aber wirkungsvolle Fragen an das Kind stellen, etwa: Wie wäre es für dich, wenn das Gericht nun entscheidet, dass du bei deiner Mutter wohnen bleibst? Wie wäre es für deine Eltern, wenn das Gericht nun entscheidet, dass du bei deiner Mutter wohnen bleibst?

Geschlecht des Kindes

Weil sich das männliche Kind wohl oder übel früher oder später von der Mutter weg identifizieren muss und die Geschlechtsrollenidentifikation mit dem gleichgeschlechtlichen Elternteil am besten gelingt, ist es für die Entwicklung der Männlichkeit von großer Bedeutung, dass sich Knaben an einer väterlichen Identifikationsfigur orientieren können. Dies gilt selbst dann, wenn an die Stelle des leiblichen Vaters ein sozialer Vater getreten ist, zum Beispiel der neue Lebenspartner der Mutter. Sind die elternseitigen Voraussetzungen erfüllt und der Junge wünscht sich, bei beiden Eltern zu leben, kommt eine alternierende Obhut in Betracht.

Geschwisterbeziehungen

Die gegenseitige Zuneigung der Geschwister als wichtige Ressource ist schützenswert und vor allem dann für die Zuteilung der Kinder bedeutsam, wenn die Beziehung der Eltern stark zerrüttet ist. Zwar wird eine Trennung der Geschwister in aller Regel nur nach sorgfältiger Prüfung verfügt, aber die Eltern-Kind-Beziehung ist wichtiger als die Geschwister-Beziehung. Hat eines der Kinder eine intensive Beziehung zum Vater, während ein anderes Kind stark an die Mutter gebunden ist, kann bei entsprechendem Wunsch der Kinder eine Trennung der Geschwister sinnvoll sein. Bei Fragen der Betreuungsregelung wird man die Qualität der Geschwisterbeziehung und auch die Qualität der Eltern-Kind-Beziehung sorgfältig prüfen und dabei das Geschwisterverhältnis vor der Trennung ebenso berücksichtigen wie den Altersabstand und die damit verbundenen unterschiedlichen Bedürfnisse der Geschwister.

Eine Trennung ist möglich, wenn sich Geschwister in ihrer Entwicklung gegenseitig behindern. Man denke etwa an ein körperbehindertes Mädchen, das die volle Aufmerksamkeit der Mutter in Anspruch nimmt, während sich der ältere Bruder vernachlässigt fühlt. Eine Trennung ist auch in Betracht zu ziehen, wenn sich Geschwister emotional stark ablehnen oder wenn die Eltern damit überfordert sind, alle Kinder allein zu betreuen. Nicht aber um das Leid der Eltern zu verringern wird man Geschwister trennen, indem man etwa jedem Elternteil ein Kind als Entschädigung belässt. Eine solche Entscheidung käme einer Instrumentalisierung des Kindes gleich und wäre mit dem Kindeswohl nicht zu vereinbaren.

Anhang

Brief an Kinder im Schulalter

Liebes Kind,

mit der Trennung Deiner Eltern hat sich Dein Leben verändert. Nichts ist mehr so, wie es war. Du musst damit zurechtkommen, dass viele neue Gewohnheiten an die Stelle der bisherigen Gewohnheiten treten. Die wichtigste Veränderung besteht darin, dass Du Deine Eltern von nun an nicht mehr gemeinsam erlebst, sondern zeitweise Deine Mutter und zeitweise Deinen Vater. Manchmal fragst Du Dich bestimmt, warum alles so hat kommen müssen. Hier bekommst Du Antworten auf Fragen, die sich Kinder stellen, wenn sich die Eltern trennen. Vielleicht sind Deine Fragen auch dabei. Und Du findest Ratschläge, was Du machen kannst, damit es Dir in dieser schwierigen Situation besser geht.

Warum haben sich meine Eltern getrennt?

Der Grund, warum sich Deine Eltern getrennt haben, hat eine lange Geschichte. Diese Geschichte hat angefangen lange, bevor Du geboren wurdest. Weil Du die ganze Geschichte nicht kennst, kannst Du darüber nichts wissen und brauchst Dir über den Grund der Trennung gar keine Gedanken zu machen. Die Suche nach den Gründen und das Nachdenken darüber kannst Du also getrost Deinen Eltern überlassen.

Vielleicht haben Dir Deine Eltern aber versucht zu erklären, warum sie sich getrennt haben. Vielleicht haben sie gesagt: „Wir haben uns getrennt, weil wir uns nicht mehr lieb haben." Oder: „Wir haben uns getrennt, weil wir immer gestritten haben." Das wirst sicher auch Du bemerkt haben. Aber vielleicht hast Du Dich dann auch gefragt, warum man sich denn trennt, wenn man streitet. Denn Du hattest ja bestimmt auch schon Streit mit Deinen Kameraden oder auch mit Deinen Eltern, ohne dass Du Dich von ihnen getrennt hast. Du musst wissen, dass nicht der Streit das Problem ist, denn es ist normal, dass man sich manchmal streitet, auch wenn man sich gerne mag. Das Problem ist, dass Deine Eltern nach den Streitereien nicht mehr richtig Frieden machen konnten. Sie haben es versucht, aber es ging nicht. Beide waren irgendwann zu tief gekränkt, beleidigt und verletzt. Deshalb haben sie sich getrennt.

Sicher haben Dir Deine Eltern gesagt, dass sie sich nicht Deinetwegen getrennt haben. Aber vielleicht kannst Du das Deinen Eltern nicht so richtig glauben, weil sie oft auch wegen Dir gestritten haben. Vielleicht waren sie sich nicht einig, wer sich um Deine Schularbeiten kümmern soll, oder vielleicht hat Deine Mutter erwartet, dass der Vater auch mal ein Machtwort spricht. Aber auch das ist normal. Streit gibt es in allen Familien. Jede Familie hat ihre eigene Art zu streiten und sich wieder zu versöhnen. Gerade weil Kinder oft das

Thema oder der Auslöser sind, wenn sich Eltern streiten, ist diese Art von Streit für Kinder besonders schlimm: Man meint, man wäre schuld, dass die Eltern nun streiten müssen. Aber das stimmt nicht. Oft ist es so, dass die Eltern eigentlich miteinander Streit suchen, weil sie unzufrieden miteinander sind – nicht mit Dir. Wenn Du nun gerade schlechte Noten nach Hause gebracht hast, war das ein willkommenes Streitthema. Aber wenn Du gute Noten nach Hause gebracht hättest, dann hätten sich Deine Eltern über etwas anderes gestritten. Wenn man Streit sucht, findet man immer ein Thema, über das man streiten kann. Du siehst, nicht Du bist schuld, dass sich Deine Eltern getrennt haben, auch wenn Du oft das Thema ihrer Streitereien warst.

Kommen meine Eltern wieder zusammen?

Oft glauben Kinder, dass sie etwas machen müssten, damit ihre Eltern wieder zusammenkommen. Manchmal beauftragt sogar ein Elternteil die Kinder, dafür zu sorgen, dass Mama oder Papa wieder zurückkommt. Aber es ist nicht Deine Aufgabe, Dich in die Angelegenheit Deiner Eltern einzumischen! Deine Aufgabe ist es, Dich an die veränderte Situation zu gewöhnen und das Beste daraus zu machen. Die Psychologen wissen, dass das für jedes Kind eine schwere Zeit ist. Es wird sich aber alles wieder beruhigen.

Manchmal denkst Du vielleicht: Meine Eltern könnten sich doch einfach etwas Mühe geben oder sich zusammennehmen, dann könnten wir wieder eine Familie sein. Dann bist Du vielleicht auch wütend auf Deine Eltern. Das ist normal. Du brauchst deshalb überhaupt kein schlechtes Gewissen zu haben. Aber Deine Eltern können sich nicht mehr unentwegt zusammennehmen, ohne ihre Gefühle zu verleugnen, weil sie über ihre Gefühle keine Macht haben. Stell Dir vor, Du hast nicht gerne Mathematik und jede Rechenaufgabe ist für Dich eine Qual. Nun kann der Lehrer von Dir verlangen, dass Du zusätzliche Aufgaben machst; aber niemand auf der Welt könnte wohl bewirken, dass Du diese Zusatzaufgaben mit Freude machst. Selbst wenn Deine Eltern gezwungen werden könnten, wieder zusammenzuleben, könnte kein Zauberer in der Welt bewirken, dass sie wieder glücklich sind. Und möchtest Du wirklich mit unglücklichen Eltern zusammenleben?

Darf ich noch beide Eltern gerne haben?

Natürlich! Es ist ganz wichtig, dass Du weißt, dass Du beide Eltern weiterhin gerne haben darfst und diese Gefühle nicht zu verstecken brauchst. Weil Du von beiden Eltern abstammst, bist Du mit beiden Eltern verwandt, während Deine Eltern nicht miteinander verwandt sind. Du bleibst ein Teil Deines Vaters UND Deiner Mutter.

Zeige Deinem Vater und Deiner Mutter, dass Du jeden für sich gerne hast, auch wenn der andere Elternteil es nicht gerne sieht. Macht nichts! Du sollst es trotzdem tun. Du kannst Deinem Vater oder Deiner Mutter vielleicht einmal sagen: „Ich habe Euch beide gerne, auch wenn ihr böse miteinander seid. Ich weiß, dass Papa immer mein Papa bleibt und Mama immer meine Mama bleibt.“

Vielleicht hast Du aber den einen oder anderen Elternteil für eine gewisse Zeit nicht mehr so gerne. Erwachsene verhalten sich in so schwierigen Situationen oft sehr komisch, und vielleicht hat Dir Papa oder Mama sehr wehgetan, oder Du verstehst sie nicht. Deswegen brauchst Du Dir keine Vorwürfe zu machen. Lass Dir Zeit mit Deinen komischen Gefühlen. Beide Eltern müssen verstehen, dass Du sie im Moment nicht immer gern haben kannst.

Viele Kinder haben in dieser Zeit auch Angst, vom Vater oder der Mutter nicht mehr geliebt zu werden. Wenn Du auch unsicher bist, ob Dich Deine Eltern noch gerne haben, dann frage sie doch danach! Es ist für Eltern in dieser Situation oft sehr schwierig, ihren Kindern ihre Liebe zu zeigen.

Was kann ich tun, wenn meine Eltern schlecht übereinander sprechen?

Oft sind Eltern, wenn sie sich getrennt haben, in einem solchen Durcheinander von Gefühlen, dass sie gar nicht merken, wenn sie mit ihrem Verhalten den Kindern Schaden zufügen. Das ist zum Beispiel der Fall, wenn ein Elternteil den anderen vor dem Kind schlechtmacht. Weil jedes Kind aus Mutter UND Vater entstanden ist, tut zum Beispiel der Vater auch einem Teil von Dir selber weh, wenn er Deine Mutter schlechtmacht. Daher ist diese Verhaltensweise

Kindesmissbrauch. Eltern dürfen das nicht tun! Also musst Du Dir das auch nicht gefallen lassen. Du könntest Deinen Vater oder Deine Mutter darauf hinweisen, dass Du es nicht magst, wenn er oder sie schlecht über den anderen spricht. Viele Kinder können dies aber den Eltern nicht sagen. Dann ist es das Beste, wenn man versucht, nicht hinzuhören. Man kann sich zum Beispiel vorstellen, dass man jetzt gerade Kopfhörer auf den Ohren hat und Musik hört. Manchmal kann man auch einfach weggehen und sich mit etwas anderem beschäftigen, das mehr Spaß macht.

Oft missbrauchen Eltern in ihrem Gefühls-Wirrwarr Kinder auch als Botenträger oder als Spione. Das ist zum Beispiel der Fall, wenn Deine Mutter Dich bittet, in der Wohnung des Vaters nach Spuren einer neuen Frau zu suchen, oder Dich über die neue Freundin des Vaters ausfragt, falls er schon eine hat. Oder aber auch, wenn Dein Vater Dir sagt, Du sollst Deiner Mutter diese oder jene unangenehme Nachricht ausrichten. Das ist ebenfalls Kindesmissbrauch, denn das zieht die Kinder in die Geschichte der Erwachsenen hinein, die sie nichts angeht, weil es nicht ihre eigene Geschichte ist. In diesem Fall könntest Du Deinen Eltern sagen, dass dies eine Sache zwischen ihnen beiden ist und dass sie dies untereinander regeln sollen. Du möchtest in Zukunft nicht mehr hineingezogen werden.

Was kann ich tun, wenn sich meine Eltern streiten?

Wenn Deine Eltern sich immer noch streiten, obwohl sie ja jetzt getrennt sind, ist das besonders schlimm für Kinder. Du möchtest, dass es aufhört, und kannst nichts dafür tun. Das ist auch so! Versuche also nie, Deinen Eltern zu helfen, wenn sie sich streiten. Ihr Streit ist wirklich nur ihre Sache! Du kannst dabei gar nichts ausrichten. Für Dich ist es wichtig zu wissen, dass der Streit oft nur schlimmer wird, wenn Du Dich auf eine Seite schlägst oder versuchst zu vermitteln.

Ergreife also nie Partei für den Vater oder die Mutter. Getraue Dich ruhig, Deinen Eltern offen zu sagen und zu zeigen, dass Du Dich aus dem Streit heraushalten willst. Das ist sehr schwer, und Du wirst es nicht immer schaffen, aber versuch es jedes Mal wieder. Am besten, Du lenkst Dich mit etwas anderem von den ärgerlichen Streitereien ab. Mach etwas, das Dir Spaß macht. Du hast ein Recht darauf, dass es Dir trotz allem möglichst gut geht.

Warum sind alle diese Veränderungen so nervig?

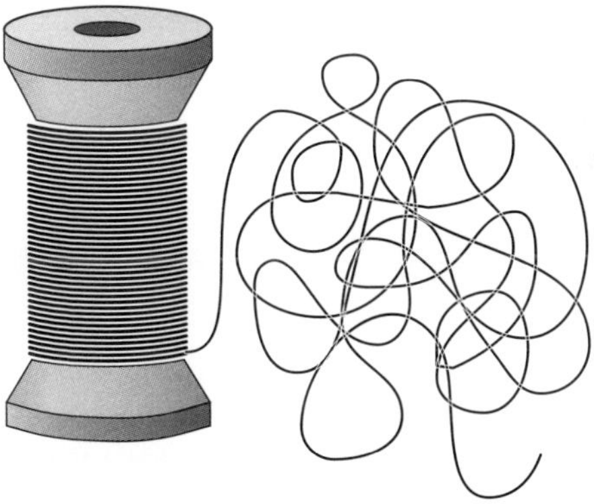

Wenn sich die Eltern trennen, verändert sich auch für die Kinder sehr viel. Vielleicht musstest Du mit einem Elternteil umziehen und die Schule wechseln. Dann gibt es keine Gemeinsamkeiten mehr mit Dir und Deinen Eltern zu dritt. Dein Vater und Deine Mutter unternehmen sicher auch weiterhin ganz coole Sachen mit Dir. Aber es ist halt nicht mehr das Gleiche. Daran musst Du Dich noch gewöhnen. Du stellst vielleicht auch fest, dass die Eltern unterschiedliche Regeln haben, wie Du Dich benehmen sollst. Vielleicht verwirrt Dich das. Aber das ist kein Problem. Du wirst Dich daran gewöhnen. In der Schule gibt es ja auch andere Regeln als zu Hause.

Vielleicht geht die Mutter, mit der Du zusammenlebst, wieder arbeiten, oder Du lebst bei Deinem Vater, der tagsüber auswärts arbeitet. Du bist dadurch öfter alleine als früher und musst mehr im Haushalt helfen. Das ist kein Nachteil, im Gegenteil. Die Experten haben herausgefunden, dass Trennungskinder im Vergleich zu Nicht-Trennungskindern auch einen Vorteil haben: Sie sind anpassungsfähiger und werden schneller selbständig! Also denk nicht, dass Du ein armes Kind bist, nur weil Deine Mutter oder Dein Vater öfters gar nicht bei Dir ist. Schau vielmehr darauf, wie gut Du Dich auf Deine Eltern verlassen kannst, wenn sie dann da sind.

Was mache ich, wenn ich Sehnsucht nach der Mutter oder dem Vater habe?

Vielleicht möchtest Du häufiger zu dem Elternteil gehen, mit dem Du nicht zusammenlebst. Du hast Sehnsucht nach dem Vater, wenn Du bei der Mutter bist, und Sehnsucht nach der Mutter, wenn Du beim Vater bist. Das ist ganz normal. Sehnsucht ist nichts Schlimmes, im Gegenteil. Sehnsucht sagt Dir, dass Du beide Eltern liebst und Dich auf das Wiedersehen mit ihnen freust.

Vielleicht hast Du oft das Bedürfnis, Deinen Elternteil zu Hause anzurufen, wenn Du beim anderen Elternteil zu Besuch bist. Das ist eine etwas heikle Sache. Möglicherweise hast Du nach dem Anruf dann noch mehr Sehnsucht und kannst die Besuchszeit gar nicht so richtig genießen.

Vielleicht möchtest Du aber auch den getrennt lebenden Elternteil häufiger anrufen. Das ist auch normal. In diesem Fall solltest Du mit dem Elternteil sprechen, mit dem Du zusammenlebst. Vielleicht erlaubt er oder sie es nicht, dass Du häufiger anrufst. Aber es gibt ja auch E-Mails, SMS oder die gute alte Briefpost.

Warum muss ich zu Vater gehen?

Vielleicht lebst Du hauptsächlich bei Deiner Mutter, und es stinkt Dir oft, am Wochenende zum Vater zu gehen. Vielleicht möchtest Du am Wochenende lieber Zeit mit Deinen Freunden verbringen. Die Umstellung von Mutters Welt auf Vaters Welt und umgekehrt ist für alle Kinder in Deiner Situation schwierig. Aber Deine Beziehung zum Vater ist eine besondere Beziehung und unterscheidet sich von der Beziehung zu Deinen Freunden. Sie bleibt Dein Leben lang erhalten. Dein Vater bleibt Dein Vater, auch wenn Du mit ihm Streit hast. Weil Du von Deinem Vater abstammst, hast Du viele Anteile auch von ihm geerbt. Wenn Du älter wirst, wird es für Dich wichtig sein, welche Teile Du geerbt hast und welche Teile von Dir selber sind. Schon allein um das zu erkennen, musst Du Dich mit Deinem Vater treffen.

Wenn diese Treffen für Dich schwierig sind, finde heraus, was denn so schwierig ist. Versuche, mit Deinen Eltern zu reden. Sage ihnen nicht nur, was Dich stört, sondern auch, was sie ändern könnten, damit es Dich weniger stört. Vielleicht wissen Deine Eltern gar nicht so genau, wie es um Dich und Deine Geschwister steht. Bitte sie, zusammen darüber zu sprechen!

Oft kommt es vor, dass die Kontakte unangenehm sind, weil Väter und Kinder nicht so genau wissen, was sie miteinander anfangen sollen. Überleg Dir, was Du gerne mit Deinem Vater machen würdest, und sag oder schreib es ihm. Dann wird es vielleicht besser. Gib nicht auf, zusammen mit dem Vater änderst Du es vielleicht.

Es gibt immer wieder Missverständnisse, vor allem am Anfang: Du wartest zum Beispiel lange auf Deinen Vater, bis er Dich abholt, oder Du wartest vergeblich auf einen Anruf. Wenn dies oft vorkommt, solltest Du ihm sagen oder schreiben, dass es für Dich schwierig ist.

Und der neue Partner von Mutti, die neue Partnerin von Vati, was ist mit denen?

Vielleicht hat Deine Mutter oder Dein Vater eine neue Beziehung. Das stört Dich. Du möchtest Deinen Vater oder Deine Mutter für Dich alleine haben. Du hast vielleicht auch Angst, dass Dich Deine neu verliebten Eltern nun nicht mehr so fest lieben. Diese Angst haben viele Kinder in Deiner Situation. Aber sie ist meistens völlig unbegründet.

Zum Glücklichsein im Leben gehört für die meisten Menschen eine erfüllte Partnerschaft. Auch für Deine Eltern. Nur weil die Beziehung Deiner Eltern nicht glücklich war, heißt das ja nicht, dass Deine Eltern für den Rest des Lebens auf eine Partnerschaft verzichten sollen. Wenn sich also Dein Vater oder Deine Mutter oder beide wieder verlieben und eine neue Beziehung eingehen, ist dies das Natürlichste von der Welt. Glaub nur nicht, dass Deine Mutter oder Dein Vater Dich nun weniger lieben, nur weil er oder sie eine neue Beziehung hat. Im Gegenteil: Eltern können manchmal viel besser lieben und diese Liebe den Kindern zeigen, wenn auch sie selber wieder glücklich sind.

Über unsere Gefühle haben wir keine Macht. Wenn Du nun also diesen neuen Partner Deiner Mutter oder die neue Partnerin Deines Vaters nicht magst, kann Dich niemand zwingen, diesen Menschen gerne zu haben. Aber Deine Eltern können und dürfen von Dir verlangen, dass Du Dich diesem Menschen gegenüber anständig und korrekt verhältst. Du kannst diesen Menschen so behandeln wie einen Lehrer, den Du nicht so magst. Dazu gehört, dass Du ihn grüßt, seine Fragen höflich beantwortest und Dich bedankst, wenn Du etwas bekommst.

Gute Gefühle entstehen dann, wenn wir gute Erfahrungen mit Menschen machen. Wenn wir uns aber den Menschen gegenüber verschließen und ihnen aus dem Weg gehen, werden wir nie gute Erfahrungen machen. Also verschließ Dich diesen neuen Partnern gegenüber nicht, sondern prüfe genau, ob Du nicht vielleicht sogar davon profitieren kannst, dass diese Menschen nun zu Deinem Bekanntenkreis gehören. Vielleicht können diese neuen Partner Dir etwas bieten, was Dir Deine Mutter oder Dein Vater nicht bieten kann. Oder vielleicht sind sie ganz einfach nur okay. Und denk daran: Sie nehmen Dir Deine Mutter oder Deinen Vater nicht weg. Unter Erwachsenen ist das nicht mehr so wie bei Euch Kindern auf dem Pausenplatz, wo es tatsächlich manchmal passiert, dass einem die Freundin „weggenommen" wird. Bei Eltern geht das nicht, die bleiben Dir erhalten.

Liebes Kind, vielleicht siehst Du nun schon etwas klarer. Wenn Du weitere Fragen hast, wäre es gut, wenn Du jemanden hättest, mit dem Du darüber reden könntest. Vielleicht die Großmutter, die Patentante, den Patenonkel, einen Lehrer oder Freunde Deiner Eltern. Wenn Du gar niemanden hast, darfst Du Deinen Eltern sagen, dass Du einmal mit einer Psychologin sprechen möchtest, die sich mit Problemen von Kindern getrennter Eltern auskennt. Solche gibt es. Manche sind ganz nett.

Familie Igel Iltis – eine Geschichte zum Vorlesen

Es war einmal eine große saftige Wiese mit Bäumen, Sträuchern und Hecken. Unter den Bäumen gab es Höhlen, und auf den Bäumen wohnten die Vögel. Auf dieser Wiese lebten viele Tiere friedlich nebeneinander und miteinander: Vögel, Rehe, Füchse, Maulwürfe, Dachse, Igel, Iltisse und Mäuse.

An einem sonnigen und warmen Frühlingstag kamen plötzlich Menschen auf die Wiese mit langen Meterstäben in der Hand. Sie stellten Holzstangen auf, breiteten große Pläne aus und redeten angeregt miteinander.

Oben am Himmel kreiste der Habicht über diesem Geschehen und machte sich Sorgen. Er kam viel in der Welt herum und hatte schon einmal gesehen, wie die Menschen auf einer Wiese einen Wohnblock errichteten und damit den Lebensraum von vielen Tieren zerstörten. Er flog nun zu den einzelnen Tieren auf der Wiese und berichtete ihnen, was er befürchtete. Er riet ihnen, so schnell wie möglich ihre Sachen zu packen und sich eine neue Behausung auf einer anderen Wiese zu suchen.

Die Tiere glaubten dem Habicht und machten sich aus dem Staub. Alle außer einem Igel und einer Iltisdame. Der Igel war schon etwas älter und ein bisschen eigensinnig. Außerdem war er gerade erst aus seinem Winterschlaf unter der alten Buche aufgewacht und hatte keine Lust auf den Stress, sich eine neue Wohnung zu suchen. Die Iltisdame war ebenfalls etwas eigen. Sie war stolz und ließ sich nicht gerne etwas sagen, schon gar nicht vom Habicht, der ihr immer die Mäuse wegfraß. Die Iltisdame war überzeugt, dass die Menschen sie nicht vertreiben würden. Sie hatte bisher immer Glück gehabt und war zuversichtlich, dass es nicht so schlimm kommen würde.

Eines Tages kamen am frühen Morgen Traktoren, Bagger und Lastwagen und allen voran eine riesige Mähmaschine angefahren. Der Igel schlief am Rand der Wiese zusammengerollt seinen Winterschlaf aus, und die Iltisdame machte gerade ihren Schönheitsschlaf in ihrem Bau unter der Erde. Als die beiden Tiere erwachten und aus ihren Verstecken herauskamen, trauten sie ihren Augen nicht: Dort, wo die großen Bäume gestanden hatten, waren nur noch Baumstrünke. Die Büsche, die ihnen Schutz und Schatten spendeten und unter denen sie an heißen Tagen gefaulenzt hatten, waren verschwunden. Wo vorher zwischen üppigem Gras bunte Blumen blühten, gähnte die nackte raue Erde mit riesengroßen Löchern. In regelmäßigen Abständen ragten Betonpfeiler in die Höhe. Außer dem Igel und der Iltisdame war kein einziges Tier mehr zu sehen.

Der Igel bekam es mit der Angst zu tun und rollte sich vor Schreck an Ort und Stelle zusammen. Auch die Iltisdame hatte Angst und machte sich große Sorgen um ihr Überleben. Sie war aber nicht nur schön, sondern auch gescheit, und sie überlegte, was zu tun war. Sie machte sich sofort daran, einen Platz zu suchen, wo sie wohnen und genug zu essen finden konnte, um zu überleben.

Aufgeregt wuselte sie um die Betongerüste herum und suchte nach einem neuen Zuhause. Am Rand der umgepflügten Wiese hatten die Menschen neben einem Baumstrunk einen alten Haselstrauch stehenlassen. Das war das Richtige, hier konnte sie sich eine neue Wohnung einrichten. Die Iltisdame flitzte zum Igel, um ihm die Neuigkeit mitzuteilen. Dieser stand noch unter Schock, aber er ließ sich von der Iltisdame zu deren neuem Versteck führen. Weil er aber immer noch ein wenig verstört war, legte er sich unter dem Haselstrauch zum Schlafen hin, während die Iltisdame schon den neuen Bau buddelte.

Monate vergingen. Der Igel und die Iltisdame machten sich oft gemeinsam auf den Weg, um ihre alten Freunde wiederzufinden, aber vergebens. Auf ihren langen Wanderungen begegneten sie keinem anderen Tier. Weil der Igel und die Iltisdame viel Zeit miteinander verbrachten, mochten sie sich bald ein bisschen, und sie verliebten sich ineinander. Aber sie lernten sich nie wirklich kennen und verstehen. Zu groß war der Altersunterschied, und viel zu verschieden waren ihre Ansichten und Lebensgewohnheiten. Der Iltisdame war es immer etwas langweilig mit dem alten Igel, der die meiste Zeit nur eingerollt schlief und selten auf Futtersuche ging. Und dem Igel ging das ewige Herumgewusel der Iltisdame auf die Nerven. Es störte ihn, dass sie von morgens bis abends damit beschäftigt war, ihre gemeinsame Höhle zu putzen und sich schön zu machen. Er wünschte, dass sie etwas ruhiger wäre und wie er ab und zu mal fünf gerade sein ließe. Weil die beiden aber keine anderen Tierfreunde mehr hatten, waren sie froh, dass sie wenigstens einander hatten. Sie genossen das Zusammensein an den dunklen Abenden, besonders als der Winter kam und es kälter wurde. Sie sprachen viel darüber, wie schön das Leben gewesen war, bevor die großen Maschinen kamen.

Mit dem Frühling kam auch die neue Familie: Die Iltisdame hatte drei kleine Junge geboren. Alle drei waren hell goldbraun und hatten ganz weiches Fell. Mutter Iltis liebte es, wenn ihre drei Jungen eingerollt an ihrer Seite schliefen, und sie liebte es, die Jungen zu liebkosen und für sie zu sorgen.

Zu Beginn war auch der Igel glücklich. Er hatte ebenfalls große Freude an den Jungen und war stolz auf seine Familie. Er genoss es, dass Mutter Iltis ruhiger geworden war und nicht mehr ständig herumwuselte. Besonders in den ersten Monaten nach der Geburt blieb sie meistens in der Höhle und säugte ihre Jungen. Aber die Jungen wurden größer und schliefen nicht mehr die ganze Zeit. Sie wurden unruhiger, als die Mutter je gewesen war, und laut und lärmig. Vater Igel fühlte sich gar nicht mehr besonders wohl und wurde immer mürrischer. In der gemeinsamen Höhle herrschte den ganzen Tag über ein höllischer

Tumult und ein Riesengeschrei, häufig auch nachts. Vater Igel gelang es nicht mehr, sich in seiner Ecke zu einem Nachmittagsschläfchen zusammenzurollen. Er wurde immer unzufriedener und gereizter.

Eines Tages, als sein Schläfchen wieder gestört wurde, wurde Vater Igel so wütend, dass er einige ausgefallene spitze Stacheln an die Wand der Höhle warf. Ein Stachel traf um ein Haar seinen jüngsten Sohn Loris.

Der schrie wie am Spieß, als er sich ausmalte, was hätte passieren können, wenn der Stachel ihn getroffen hätte. Mutter Iltis war auch erschrocken. Sie schlug vor, dass sie und die Kinder Vater Igel in Zukunft am besten alleine ließen, wenn er schlief. Aber eigentlich spürte Mutter Iltis, dass es Zeit war, für sich und die Kinder eine neue Höhle zu suchen. Sie wusste, dass die Kinder, wenn sie heranwuchsen, noch lauter und lebendiger werden würden und dass Vater Igel früher oder später wieder wütend werden und mit seinen Stacheln um sich werfen würde.

Auf der Suche nach einem neuen Zuhause wanderten Mutter Iltis und die Kinder das ganze Gelände ab. Dabei stellten sie fest, dass in der Zwischenzeit wieder ein paar Blumen gewachsen waren und aus den Baumstrünken Zweige sprossen. Da, wo fünf alte Bäume gefällt worden waren, fanden die drei Jungen und ihre Mutter einen Platz, wo sie sich zwischen den Baumstrünken eine Höhle buddeln konnten. Mit vereinten Kräften gruben sie tief in die Erde. Vor dem Höhleneingang machten sie einen großen Spielplatz. Die Baumstrünke waren das perfekte Spielzeug. Die Kinder genossen es sehr und spielten bis zum Umfallen, während Mutter Iltis endlich etwas Ruhe fand.

Am anderen Tag eilten Mutter Iltis und die Kinder zu Vater Igel, um ihm zu erzählen, wo sie jetzt wohnten. Vater Igel brummte, er sei froh, jetzt endlich seinen Frieden zu haben. Er wünschte sich aber, dass die Kinder ihn ab und zu besuchen kämen. Der Weg zur neuen Behausung der Mutter und der Kinder, sagte er, sei ihm zu anstrengend. Mutter Iltis erklärte sich bereit, die Kinder immer den halben Weg zur alten Höhle zu begleiten. Den Rest des Weges könnten die Kinder alleine gehen. Sie seien ja jetzt alt genug. Die Eltern einigten sich auf einen Besuchsplan, und von nun an fanden wie abgemacht Besuche statt.

Eines Tages, als Mutter Iltis die Kinder vom Besuch abholte, waren die drei aufgeregt und schwatzten wild durcheinander, so dass die Mutter kaum verstand, was die Kinder sagen wollten. Sie musste eingreifen und bestimmen, wer zuerst sprechen sollte. Leon begann und erzählte, dass Vater Igel immer schimpfte. Außerdem sei es langweilig bei ihm. Er schlafe immer nur. Darum wolle Leon nicht mehr zum Vater gehen, sondern lieber der Mutter beim Futtersuchen helfen. Das sei viel spaßiger. Livio war noch ärgerlicher. Er habe sich zu Vater Igel zum Schlafen hinlegen wollen. Aber die Stacheln hätten ihn ständig gestochen. „Neben diesem alten stacheligen Grummel kann es sich kein

Tier gemütlich machen", ereiferte sich Livio und brachte wieder die alte Geschichte auf den Tisch, wie der Igelvater seine Stacheln an die Höhlenwand geworfen hatte. Livio war noch gar nicht ganz fertig mit seinen Klagen, da brach sein Bruder Loris in Tränen aus und erzählte, dass ihn Vater Igel mit vier Stacheln geschlagen hatte, nur weil er etwas laut gewesen wäre. „Vater ist überhaupt nicht lustig. Er ist zu alt und zu stachlig", jammerte Loris, und die Brüder stimmten ihm zu.

Mutter Iltis verstand ihre Kinder gut. Sie selber fand Vater Igel auch immer etwas stachlig beim Schlafen. Ein bisschen langweilig fand auch sie ihn hin und wieder und aufbrausend, wenn ihm etwas nicht passte. Mutter Iltis war aber eine kluge Mutter. Sie wusste einige Tricks, um mit Vater Igel zurechtzukommen. Sie gab den Kindern Ratschläge und schrieb ihnen dieses „Rezept für eine gute Zeit miteinander" auf eine Baumrinde:

- Wartet mit Ankuscheln, bis Vater Igel eingeschlafen ist. Er schmiegt seine Stacheln nämlich immer an sich, wenn er schläft, und dann ist es angenehmer, an seiner Seite zu schlafen.
- Sucht auf dem Weg zu ihm Futter, und macht dann alle zusammen ein Picknick. Der Igel-Vater isst nämlich gerne, sucht aber nicht gerne Futter.
- Ruhige Momente sind manchmal auch ganz schön. Vater Igel mag gerne Denkspiele wie „Blätter bestimmen" und „Zwanzig Waldfragen".
- Er liest besonders gern Geschichten vor und erzählt gern von früher, als die Wiese noch da war.
- Kurze Besuche sind besser als lange Besuche. Wenn es Vater Igel mit euch drei Kindern zu viel wird, fängt er an zu brummeln und zu nörgeln und will dann seinen Schlaf haben. Wenn ihr das merkt, ist es Zeit, „Auf Wiedersehen" zu sagen und ihm zu versichern, dass er euch bald wiedersieht.

Das Rezept von Mutter Iltis war hilfreich. Es wirkte nicht immer, aber oft. Und als Leon, Livio und Loris älter wurden, begannen sie, ihre eigenen Rezepte zu erfinden und auszuprobieren.

ENDE

Weiterführende Literatur

Kind und Scheidung

Ahrons, C. (1995). Die Gute Scheidung. Die Familie erhalten, wenn die Ehe zerbricht. München: Droemer.

Beck, L. (2003). *Eltern bleiben trotz Scheidung. Ein Krisenbewältigungsprogramm.* Weinheim: Beltz.

Benedek, E.P. & Brown, C.E. (1997). *Scheidung: Wie helfe ich unserem Kind?* Stuttgart: Trias Thieme Hippokrates Enke Verlag.

Bernard, Ch. & Schaffer, E. (1998). *Gemeinsame Eltern bleiben, auch nach der Trennung. Emotionale Schäden bei Scheidungskindern vermeiden.* München: Heyne.

Figdor, H. (1997). *Scheidungskinder: Wege der Hilfe.* Gießen: Psychosozial-Verlag.

Fthenakis, W. (1996). *Trennung, Scheidung und Wiederheirat. Was hilft dem Kind?* Weinheim: Beltz.

Gloor Maung, P. (1998). *Scheiden tut auch Kindern weh. Welche Hilfe Kinder brauchen, wenn Eltern sich trennen.* Freiburg: Herder.

Hetherington, E.M. & Kelly, J. (2003). *Scheidung. Die Perspektiven der Kinder.* Weinheim: Beltz.

Largo, R. & Czernin, M. (2003). *Glückliche Scheidungskinder. Trennungen und wie Kinder damit fertig werden.* Zürich: Piper.

Niesel, R. (1998). *Scheidungskinder.* München: Südwestverlag.

Staub, L. & Felder, W. (2004). *Scheidung und Kindeswohl. Ein Leitfaden zur Bewältigung schwieriger Übergänge.* Bern: Huber.

Trachsel, (2017). *Scheidung. Faire Regelungen für Kinder – gute Lösungen für Wohnen und Finanzen* (18., aktualisierte Aufl.). Zürich: Edition Der Schweizerische Beobachter.

Elternkonflikt

Alberstötter, U. (2004). Hocheskalierte Elternkonflikte – professionelles Handeln zwischen Hilfe und Kontrolle. *www.mediengesetz.at/fileadmin/psy_aufsaetze/a_f/alberstaetter-hocheskalierte-elternkonflikte.pdf* [Zugriff am 20. März 2018].

Allgemeine Entwicklung des Kindes

Böhm, R. (2011). Auswirkungen frühkindlicher Gruppenbetreuung auf die Entwicklung und Gesundheit von Kindern. *Kinderärztliche Praxis, 5*, 316–321.

Brazelton, T.B. & Greenspan, S.I. (2002). *Die sieben Grundbedürfnisse von Kindern. Was jedes Kind braucht, um gesund aufzuwachsen, gut zu lernen und glücklich zu sein.* Weinheim: Beltz.

Greenglass, E.R. (1986). *Geschlechtsrolle als Schicksal.* Stuttgart: Klett-Cotta.

Förstl, H. (2012). *Theory of Mind: Neurobiologie und Psychologie sozialen Verhaltens* (2. Aufl.). Heidelberg: Springer.

Piaget, J. (1978). *Das Weltbild des Kindes.* München: Klett-Cotta.

Roth, G. & Strüber, N. (2014). *Wie das Gehirn die Seele macht.* Stuttgart: Klett-Cotta.

Bindungsentwicklung des Kindes

Brisch, K.H. (2001). *Bindungsstörungen. Von der Bindungstheorie zur Therapie.* Stuttgart: Klett-Cotta.

Umgangsrecht

Büte, V.D. (2005). *Das Umgangsrecht bei Kindern geschiedener oder getrennt lebender Eltern. Ausgestaltung – Verfahren – Vollstreckung* (2. Aufl.). Berlin: E. Schmidt, 2005.

Sorgerecht / Obhutszuteilung

Kilde, G. & Staub, L. (in press). Kriterien der Zuteilung von elterlicher Sorge und Obhut bei Trennung der Eltern. In A. Rumo-Jungo & C. Fountoulakis (Hrsg.), *Elterliche Sorge, Betreuungsunterhalt und Vorsorgeausgleich und weitere Herausforderungen.* 9. Symposion zum Familienrecht 2017. Zürich: Schulthess.

Kostka, K. (2014). Neue Erkenntnisse zum Wechselmodell? Zugleich eine Rezension von Hildegund Sünderhaufs „Wechselmodell". Kindschaftsrecht und Jugendhilfe, 2, 54–61.

Schmidt, V. (2017). Gemeinsames Sorgerecht. Rechte und Pflichten – zum Wohl des Kindes. Zürich: Edition Der Schweizerische Beobachter.

Staub, L. (2013). Bedeutung des Bindungskonzepts im interdisziplinären Diskurs. Zeitschrift für Kindes- und Erwachsenenschutz, 4, 235–250.

Staub, L. & Kilde, G. (2013). Erinnerungsbegegnungen bei urteilsfähigen Kindern aus psychologischer und juristischer Sicht. Zeitschrift des Bernischen Juristenvereins ZBJV, 11, 934–954.

Sünderhauf, H. (2013). Wechselmodell: Psychologie – Recht – Praxis. Berlin: Springer.

Walper, S. & Wendt, S.V. (2005). Nicht mit beiden Eltern aufwachsen – ein Risiko? In C. Alt (Hrsg.), Kinderleben – Aufwachsen zwischen Familie, Freunden und Institutionen. Band 1: Aufwachsen in Familien (S. 187–216). Wiesbaden: VS – Verlag für Sozialwissenschaften.

Bücher für Trennungskinder

Grundmann, H. & Schulze, M.-A. (2010). Wir sind immer für Dich da! Wenn Mama und Papa sich trennen. Münster: Coppenrath.

Maar, N. & Ballhaus, V. (2002). Papa wohnt jetzt an der Heinrichstraße. Zürich: Atlantis im Orell-Füssli-Verlag.

Wangendristel, E. & Schindler, N. (1997). Wenn meine Eltern sich trennen. Niederhausen: Falken-Verlag.

Weninger, B. (1995). *Auf Wiedersehen Papa.* Zürich: M. Neugebauer.

Zacharias-Hellwig, J. (2016). *Die Sehnsucht des kleinen Orange.* Lindau: Papierfresserchens MTM-Verlag.

Die Autorin

Dr. phil. Liselotte Staub ist in Bern aufgewachsen. Nach einer Lehrerausbildung und dem Studium und Promotion in Psychologie an der Universität Bern hat sie sich zur Psychotherapeutin ausbilden lassen und sich gleichzeitig auf dem Gebiet der Familienrechtspsychologie spezialisiert.

Liselotte Staub ist selbstständige Psychotherapeutin und Familienrechtspsychologin. Als solche beschäftigt sie sich mit Fragen im zivilrechtlichen Kindesschutz. Sie erstellt Gutachten für Gerichte, publiziert und hält regelmässig Referate. Sie ist gewählte Fachrichterin am Kindes- und Erwachsenenschutzgericht des Kantons Bern.

Sachwortverzeichnis

E

F

G

H